中外语言文学学术文库

语言的跨面研究

A Multi-perspective Study of Language

杨 忠　张绍杰　著

华东师范大学出版社
East China Normal University Press

图书在版编目(CIP)数据

语言的跨面研究/杨忠,张绍杰著.—上海:华东师范大学出版社,2017
(中外语言文学学术文库)
ISBN 978-7-5675-6878-5

Ⅰ.①语… Ⅱ.①杨… ②张… Ⅲ.①语言理论—研究 Ⅳ.①H0-0

中国版本图书馆CIP数据核字(2017)第219574号

语言的跨面研究

著　　者	杨　忠　张绍杰
策划编辑	王　焰
项目编辑	曾　睿
特约审读	汪　燕　王红菠　陈　路　李曼铭　张晓丽
责任校对	龚海燕
封面设计	金竹林　邢　振
责任印制	张久荣

出版发行	华东师范大学出版社
社　　址	上海市中山北路3663号 邮编 200062
网　　址	www.ecnupress.com.cn
电　　话	021-52713799 行政传真 021-52663760
客服电话	021-52717891 门市(邮购)电话 021-52663760
地　　址	上海市中山北路3663号华东师范大学校内先锋路口
网　　店	http://hdsdcbs.tmall.com

印刷者	上海商务联西印刷有限公司
开　　本	710×1000　16开
印　　张	13.5
字　　数	211千字
版　　次	2018年1月第1版
印　　次	2018年1月第1次
书　　号	ISBN 978-7-5675-6878-5/H.945
定　　价	56.00元

出 版 人　王　焰

(如发现本版图书有印订质量问题,请寄回本社客服中心调换或电话021-52717891联系)

《中外语言文学学术文库》
编 委 会

成员：（按姓氏音序）

辜正坤　何云波　胡壮麟　黄忠廉

蒋承勇　李维屏　李宇明　梁　工

刘建军　刘宓庆　潘文国　钱冠连

沈　弘　谭慧敏　王秉钦　吴岳添

杨晓荣　杨　忠　俞理明　张德明

张绍杰

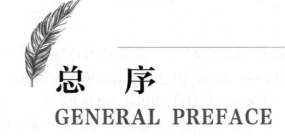

总 序
GENERAL PREFACE

改革开放以来，国内中外语言文学在学术研究领域取得了很多突破性的成果。特别是近二十年来，国内中外语言文学研究领域出版的学术著作大量涌现，既有对中外语言文学宏观的理论阐释和具体的个案解读，也有对研究现状的深度分析以及对中外语言文学研究的长远展望，代表国家水平、具有学术标杆性的优秀学术精品呈现出百花齐放、百家争鸣的可喜局面。

为打造代表国家水平的优秀出版项目，推动中国学术研究的创新发展，华东师范大学出版社依托中国图书评论学会和南京大学中国社会科学研究评价中心合作开发的"中文学术图书引文索引"（CBKCI）最新项目成果，以中外语言文学学术研究为基础，以引用因子（频次）作为遴选标准，汇聚国内该领域最具影响力的专家学者的专著精品，打造了一套开放型的《中外语言文学学术文库》。

本文库是一套创新性与继承性兼容、权威性与学术性并重的中外语言文学原创高端学术精品丛书。该文库作者队伍以国内中外语言文学学科领域的顶尖学者、权威专家、学术中坚力量为主，所收专著是他们的代表作或代表作的最新增订版，是当前学术研究成果的佳作精华，在专业领域具有学术标杆地位。

本文库首次遴选了语言学卷、文学卷、翻译学卷共二十册。其中，语言学卷包括《新编语篇的衔接与连贯》、《中西对比语言学—历史与哲学思考》、《语言学习与教育》、《教育语言学研究在中国》、《美学语言学—语言美和言语美》和《语言的跨面研究》；文学卷主要包括《西方文学"人"的母题研究》、《西方文学与现代性叙事的展开》、《西方长篇小说结构模式研究》、

《英国小说艺术史》、《弥尔顿的撒旦与英国文学传统》、《法国现当代左翼文学》等；翻译学卷包括《翻译理论与技巧研究》、《翻译批评导论》、《翻译方法论》、《近现代中国翻译思想史》等。

  本文库收录的这二十册图书，均为四十多年来在中国语言学、文学和翻译学学科领域内知名度高、学术含金量大的原创学术著作。丛书的出版力求在引导学术规范、推动学科建设、提升优秀学术成果的学科影响力等方面为我国人文社会科学研究的规范化以及国内学术图书出版的精品化树立标准，为我国的人文社会科学的繁荣发展、精品学术图书规模的建设做出贡献。同时，我们将积极推动这套学术文库参与中国学术出版"走出去"战略，将代表国家水平的中外语言文学学术原创图书推介到国外，构建对外话语体系，提高国际话语权，在学术研究领域传播具有中国特色、中国高度的语言文学学术思想，提升国内优秀学术成果在国际上的影响力。

《中外语言文学学术文库》编委会
2017年10月

序
PREFACE

《语言的跨面研究》是东北师范大学杨忠、张绍杰两位教授合作完成的一部新著。全书由上、中、下三篇组成，即语言的形式与功能，语言的意义与使用，语言理论与语言教学。样稿在手，我顿时爱不释手，愿与读者共享我的感受。

首先，我认为作者对语言学研究的态度是端正的。我国外语界一般认为语言学太枯燥、太深奥，因而敬而远之者不乏其人，但当代有关语言本质和应用的研究，以及许多学科的深入，如社会学、心理学、教育学、文学、人工智能、法律学、言语矫治、民俗学等离不开语言学理论的发展和指导，要躲是躲不过去的。有不少学者已把语言学看作众多学科的领先科学之一。作者敢于啃此硬骨头说明对其重要性有了正确认识。

如何让一般教员和读者去接触一些先进理论呢？作为教育工作者，作者能考虑到读者的接受能力。他们能把自己体会到的抽象的、深奥的道理深入浅出地缓缓而叙，加上本书注意图文并茂，举例精到，对我们领会一些理论或观点大有帮助。看来语言学著作要扩大读者面，应总结这方面的经验。

本书在上篇中讨论了语言的形式与功能的关系。当代语言学研究不外乎是形式主义和功能主义两大家。通过哲学上对三个世界的认识，通过对语言线性关系和非线性关系的讨论，通过对指示语的分析，作者的观点无疑是倾向于功能主义。但作者不是轻率地抱非此即彼的立场，而是力图说明形式与功能的辩证关系，从两者上吸取营养。这种研究方法值得我们重视。

作者的功能主义观点也反映于他们对语用学的讨论。这部分内容的中心思想是讨论语言作为符号如何传递意义的问题。其优点是把语用学和语义学的关系，符号与语境和认知的关系，语用学中的"旧说"与"新说"的关系，对一些问题的来龙去脉交代得清清楚楚，对不同观点的异同都解说得较为透彻。中篇与上篇一样，在讨论理论问题时，能具体举例，不仅增长了读者的专业知识，而且有助于指导读者在实际语境中正确使用语言。

　　正如本书作者一再强调的那样，语言学研究的贡献之一是在教学大纲、教材编写、教学语法和教学方法中的直接应用。这对外语教学工作者甚为重要，对师范院校的外语教学工作者更为重要。下篇的内容具体地说明了两者关系。从中不难看到，改进我们的外语教学，就有必要了解语言能力观、语用学等语言学理论。不能说传统的外语教学法一无是处，也不能说乔姆斯基的语言能力观完全不合国情，但时代是前进的，无可否认，新的语言学理论指导下的教学方法更适应社会的发展需要，更易为外语学习者所接受，更能与先进的教学设备配套，教学效果更好。因此，对新的理论、新的探索，我们不能闭关自守。我们生活中常见到有些外语教员教学经验丰富、培养学生的外语水平很高，就是说不出道理，知其然而不知其所以然，这就是平时对语言学理论不重视之故。但愿本书的下篇对一些老师会有所触动。

　　有人会辩解道："我不搞研究因为我教学任务繁重，没有时间。""我们学校在省级或地区级城市，经费少，平时看不到国外资料，也无机会参加学术会议。"像这样的客观困难确实是存在的。但如果我们知道语言理论和应用的重要性、迫切性，在困难面前仍可有所作为，化被动为主动。就我所知，杨忠和张绍杰教授都是校、系领导干部，行政工作自当占去不少时间。东北师范大学在资料收集上又无得天独厚之处。在这个情况下，他们的成绩不应该受到我们的重视吗？

　　愿本书的出版会给外语界带来一股强劲的东北风。

胡壮麟
于北京大学畅春园

前言
FOREWORD

　　语言学是以语言为研究对象的科学。语言教学是以语言为传授内容的活动。二者之间有什么必然联系？语言学研究成果对语言教学有什么启发？语言教学和学习中出现的问题为语言学开辟了哪些新的视界？诸如此类的问题孕育了应用语言学这门交叉学科。广义的应用语言学指语言研究成果在其他领域（包括语言教学、翻译、词典编纂、人工智能等）的应用研究。狭义的应用语言学指语言学研究成果在语言教学中的应用。语言学与语言教学之间的复杂关系绝非将语言学冠以"应用"二字所能涵盖。许多中外学者认为语言学对语言教学的贡献是双重的。基于语言学研究成果的教学语法和教材是直接的应用，这是贡献之一。语言理论为制定教学大纲、为教师确定教学原则与方法提供理论依据，这是贡献之二。有人称前者为应用，后者为启发。

　　将后者称为启发不无道理。语言理论直接为语言描写提供框架，不与语言教学实践发生直接关系。然而，要回答语言教学中的一些根本问题（教什么？怎么教？）就不能不涉及语言理论所回答的一些问题（什么是语言？语言的内在规律是什么？语言在人类社会中是怎样发挥作用的？）。现代语言学发展迅速，派别林立。往往立论不同，描写的结果就不同。从诸多语言理论中寻找对前一组问题的解答不是简单的拿来主义，须经去粗取精、去伪存真的潜心研究才能得出自己的结论。

　　改革开放以来，我国外语教学蓬勃发展，语言学和语言教学研究方兴未艾，西方语言理论和教学法舶来不少。但介绍各语言学流派的著述很少涉及该理论对语言教学的启发。介绍外语教学法流派多侧重于评述教学原则和方法，对各种教学法的语言理论基础挖掘不深。本书着眼于语言学和语言教学的跨面研究，在分析西方现代语言学新视界、新理论、新方法的基础上回答语言教学中的实际问题。

全书分上、中、下三篇。上篇分析语言的形式与功能之间的复杂关系，在二者的对立统一中认识语言符号的本质。形式主义与功能主义的理论分歧在于语法（尤指句法）是否是一个独立自足的体系。基于对语言符号线性特征的分析，基于对句子信息中心与句子结构之间关系的研究，基于对决定句子词序因素的研究，基于对指示语及其功能的研究，作者得出了自己的结论。语言是一个多层次的立体网络符号系统，同时存在于和作用于客观物质世界、主观精神世界和社会现实世界。它以声波或光波为载体存在于物质世界；它以其认知功能作用于精神世界——有了它，人脑才能将宇宙间无序的万物万象化为有序的信息贮存起来，以备交际时随时提取；它以其交际功能服务于社会现实世界，使人际交往和社会分工与合作成为可能。

既然语言存在于、作用于、服务于上述三个世界，就须把它放在更宽阔的视界内去认识，去把握它的属性，探寻其内在规律。在功能主义视角下，语言符号的线性特征只是其表象，非线性才是其实质。对语句进行功能解析，则可以在线性排列的句子成分之间发现交际价值的等级差别。对语句的词序进行动态分析，可见有标记词序的理据。对指示语的观察研究揭示了相对独立的语符与语言使用者及交际场景之间的密切联系，诸如自我与非自我的关系，空间关系，时间关系等。

中篇评述了西方语义学和语用学的新进展。语言符号传递的信息表现在语言系统和语言使用两个主要层面。前者涉及语言符号、人脑以及符号指称对象三者之间的关系。在这个层面上，语言符号所传递的信息（意义）具有规约性，相对稳定，不受语境的制约。后者涉及符号、交谈双方、交谈场景三方面的关系。在这个层面上，语言符号所传递的信息（意图）则具有非规约性，受语境的制约。意义依附于语言的形式，意图存在于语境化了的意义之中。

对于意义的研究经历了训诂学、传统语义学、结构主义语义学、生成语义学和认知语义学。传统的语义观认为，语言符号的指称意义或概念意义是对客观世界的如实记载，语义范畴是自然范畴的翻版，人脑的作用莫过于一面镜子的作用。认知语义学研究结果表明，语符的指称意义不可能独立于人的意识而存在，指称意义涉及符号、指称对象、人脑三者之间的关系；语义层是连续的外部世界与非连续的语符相结合的层面，这种结合离不开人脑的主观能动作用。语言的认知功能就在于以有序的符号系统来承载无序的世界。从认知的角度分析语义现象势必要解释语言与思维乃至心智（mind）与物质（matter）的复杂关系。20世纪80年代后期提出的认知语义学的类典型论发人深省，值得语言研究者细细咀嚼。

语用学形成于20世纪30至60年代，确立于70年代，成熟于80年代。成熟的标志是：语用学理论进一步系统化；研究的范围进一步扩大；与相邻学科的边界轮廓逐渐清晰。近期语用学理论又有新的进展，经典理论得到进一步补证或诠释。研究成果展现出宽广的应用前景，尤其对语言教学产生了深刻影响。语用学的鲜明特点在于它对语言进行动态研究。语用学理论的一个重要前提是：说话即在行事。从这一立足点去看语句，着眼点不只落在句子结构上，而是要透过表达形式看交际功能，语言分析的单位不是孤立的句子，而是话语或语篇。说话既然是行事，行为的效果就取决于表达的准确与得体与否。形式与功能之间并非存在简单的对应关系，对于这种关系语用学自然显示出其较大的解释力。会话隐涵，言语行为与施为动词的关系，英语冠词的使用问题，语言信息的层次性与翻译标准问题等，就自然在语用研究者视野之内了。

下篇从外语教学系统论的角度阐述了语言理论对语言教学的启发。语言教学是包括四大环节的系统工程。第一环节为确定外语教育政策，即根据社会政治、经济需要决定教什么语言，教哪部分人，在哪个（些）教育层次教等。第二个环节包括制定大纲、编写教材和培训师资两项并行的活动。第三个环节是课堂教学，教师、学生、教材是决定教学效果的三大要素。第四个环节是测试，目的是检测教学效果，为教育管理和决策提供反馈信息。

语言教师须直接回答两个根本问题：教什么？怎么教？在我国教育体制下，教学内容主要是通过教学大纲和在大纲指导下编写的教材来确定的。然而大纲和教材并不是课堂教学内容的唯一宏观控制手段。教育研究结果表明，规定的内容与实际传授的内容总是有差距的。前者用文字固定在教科书中，后者体现在教学过程之中。实际传授的内容在何等程度上接近于规定的内容，在很大程度上取决于教师对大纲、教材的理解和把握，取决于教师确定的教学重点、设计的活动类型、授课的方式方法等。教学内容的更新必须通过大纲、教材和师资培训两个渠道落实到课堂。纵观外语教学史，每次外语教学目标和教学内容的更新都源于语言理论研究的突破性进展。语言理论有助于语言教师根据不同的教学对象自觉地、有针对性地确定教学内容和重点，高屋建瓴地驾驭教材。

怎么教的问题不仅仅是方式方法问题。教必有法，但无定法，贵在得法。20世纪70年代以来，某种教学法一统天下的观念已不复存在。人们对外语教学法的内涵有了新的认识。教学法既有原理原则，也有具体的方式方法。在新的教材教法层出不穷的情况下，许多外语教学法专家都提倡教师采取折衷法（亦称综合法）。这就要求教师综合考虑学生的特点、学习目的、教学内容及教学辅助设备诸因素后设计出最佳方案，并在实施过程中不断检验和修正自己的方案。因此，可以说每位外语教师总是自觉或不自觉地应用着某种理论。

"自觉"与"直觉"之别实为理性主义与非理性主义之对。在人类实践活动中，没有理论指导的实践是盲目的实践。外语教学是目的性很强的实践活动。如何把社会的教育目的化为课堂的教学目标培养出合格的外语人才，这需要外语教师的创造性劳动。教师要对教什么和怎么教的问题做出科学的回答就必须钻研语言理论，从中得到启发，以便使自己的教学不断地增强科学性、减少盲目性。

本书是作者多年来沿着这一方向将语言理论研究与外语教学研究结合所取得的初步成果，今天将它献给从事语言学和应用语言学研究的同行们，权作引玉之砖。由于作者语言学功底不深，从事此项研究时间尚短，书中瑕疵恐难避免，诚望专家和同行们指正。

杨 忠　张绍杰

目录
CONTENTS

上篇　语言的形式与功能　/ 1

第一章　语言符号的线性特征问题　/ 2
第二章　词项空缺　/ 11
第三章　交际动态与信息中心　/ 17
第四章　无标记词序与有标记词序　/ 29
第五章　指示语的功能　/ 38

中篇　语言的意义与使用　/ 47

第一章　认知语言学的类典型论　/ 48
第二章　有定意义和无定意义——英语冠词的使用　/ 61
第三章　语用学的形成、确立及其发展　/ 70
第四章　语义等同与语用等同　/ 80
第五章　言语行为与施为动词　/ 89
第六章　会话含义理论的新发展——新格赖斯会话含义理论述评　/ 96
第七章　礼貌现象与礼貌观　/ 112
第八章　意·义·译——语言信息的层次性和"等值"翻译的相对性　/ 123

下篇　语言理论与语言教学 / 131

第一章　语言能力观、交际能力观与外语教学　/ 132
第二章　外语教学—学习整体模式建构　/ 142
第三章　师资培养的宏观控制作用　/ 150
第四章　语言理论与英语师资培养　/ 156
第五章　语用学理论在精读课教学中的应用　/ 164
第六章　交际法外语教学的理论基础和教学原则　/ 172
第七章　中学英语教师在职培训的语用能力培养问题　/ 178
第八章　Generative Grammar and TEFL　/ 183

参考文献　/ 193

后记　/ 200

上 篇
语言的形式与功能

第一章
语言符号的线性特征问题

1.0 引言

　　语言学家必须回答两个根本问题：什么是语言？什么是语言学？在很大程度上对前者的回答取决于一个语言学家的语言观，对后者的回答反映他的方法论观点。随着科学的发展和人类对自身认识的不断深化，不同时期不同派别的语言学家对这两个常问常新的问题给予了富有新意的回答。

　　对前一个问题，语言学家们尚未（也不可能）给出普遍接受的正面回答，因为不同的语言学家持不同的语言观。他们在给语言下定义时遇到了一个衍生的问题：语言是否是人类独有的？如果回答是肯定的，那么人类的语言与动物的交际系统有什么本质区别？这个问题把语言学家们引向了对语言特征的分析。

　　结构主义语言学奠基人索绪尔（Saussure）在《普通语言学教程》中把语言符号分解为施指/能指（signifier）和受指/所指（signified）。就二者之间的关系而言语言符号具有任意性（arbitrariness）。在论述符号的施指/能指时，他提出了线性特征（linearity）这一概念。关于语言符号的任意性问题，中外学者已有颇具新意的论述（许国璋，1991）。关于索氏提出的线性特征这一概念未见正面论述者，倒不乏引用者。田中春美（1986）在介绍索氏这一观点时写道："应该说，语言基本上是线性的。"霍克斯（Hawkes）这样解释索氏的观点：

　　"由于语言基本上是一个听觉系统，能指和所指的关系只在一段时间内展开。一张画可以在同一时间里展示和并列它的各种要素，而说话则缺乏这种同时性，它不得不以某种序列或顺序（这种序列或顺序本身就具有意义）表达自己的各种要素。简言之，能指和所指的关系模式可以说基本上是（尽管是最低限度的）序列性的"（1987：16）。

一个说"语言"基本是线性的，另一个说"能指和所指的关系模式"基本是线性的。可见，线性特征并非一个简单的概念。本章旨在说明对线性特征的理解涉及对语言符号的基本认识，并通过分析对比不同视角下线性特征的含义来探讨语言符号的基本特性。

1.1 "线性特征"究竟指什么？

语言观决定了语言学家们的研究方向。索氏在《教程》中开宗明义，首先界定了语言与言语，并将语言科学分为以语言为对象和以言语为对象两部分。紧接着他又将语言要素分为内部的和外部的两类。他断言，只有将外部要素剔除，以语言为研究对象的科学方成为可能。正是在这个前提下，索氏探讨了语言符号的本质。把语言符号（sign）分为能指和所指之后，他分别论述了语言符号的两个特性——任意性和线性。前者是就能指和所指之间的关系而言的，后者是能指所具有的特性。他明确指出：

"听觉的能指只能随着时间的流逝展开，因此它具备两个特点：1）它占据一定的空间；2）它只在一维空间内可以度量，它是线性的。……听觉的能指不同于视觉的能指（如航行信号等）则在于：后者可以在多维空间内同时组合成信息，而前者只能在一维空间内组合成链"（Saussure，1916：70）。

至此，索氏所讲的线性特征指的是什么已经很清楚了。但须指出的是，索氏所说的线性是仅就能指而言的，用这一术语来描述语言符号的整体特性则有失偏颇。关于这一点，索氏自己说得十分明白：

"只有符号能指与符号所指两者结合在一起时语言实体才存在。二者缺一，语言实体便荡然无存，我们面对的便只是一个抽象概念而不是有形实体。……我们知道，音链的主要特征是线性。就其自身而言，它只不过是一条线，是只凭听觉无法切分的连续体。要切分这样一条音链，我们必须参照语义"（同上，102—103）。

这个观点，被后来的结构主义者所忽略，但被60年代以来的心理语言学实验结果所证实（Slobin, 1979）。

索绪尔在论述组合关系和联想（聚合）关系时再次谈到线性特征。他指出，因为话语是由以线性序列组合起来的语词构成的，所以语词之间的关系是建立在线性特征之上的。结构段（syntagm）是由线性构成的组合（1916：123）。索氏指出的以线性为特征的组合关系不仅成为后期美国结构主义语言学家的主要研究对象（参见本章第二部分），而且也是系统功能语言学的四个范畴（单位、类、结构和系统）之一。

韩礼德（Halliday）（1961）视语言为一种具有一定模式的活动（patterned activity）。这种活动是随时间推进的，其模式的特征是直线性。这与索氏关于线性的陈述极其相似。但韩礼德的独到之处有两点：1）他明确指出，显性的线性序列是就语言实体（substance）而言的，它只是隐性的语言形体的具体呈现形式；2）结构（组合关系模式的最高抽象）的线性序列（sequence）可以与语序（order）一致，也可以不一致，如例（1a）和（1b）所示（S为主语，P为谓语，A为状语）：

（1）a. 序列 He ran out.
　　　语序 S P A
　　b. 序列 Out he ran.
　　　语序 S P A

对比了两位名家有关线性特征的陈述之后，我们可以对前面的问题作答如下：

1. 线性不是语言符号的整体特性，它是就语音或书写符号的组合形式而言的，不涉及能指与所指之间的关系。
2. 线性序列是组合关系的呈现形式，与聚合关系无关。
3. 线性序列是具体的，它表达的组合关系是抽象的。

这后一点引出我们的第二个问题。

1.2　线性序列中存不存在非线性关系？

如果说显性的线性特征存在于语言的实体之中，线性序列背后的隐性组合关系是语言的形体，那么正是形体中的复杂关系成为半个多世纪间语言学主流的研究对象。从美国结构主义到转换生成语法，以线性序列为表象的组合关系一直是语言研究的重心。就音系这一层面的组合关系来说如何认识线性特征？结构主义语言学家韦尔斯（Wells）把音波、重音和音高都当作语素，并主张把这类超音段语素也跟音段语素一样处理成线性的（赵世开，1989：76）。这与索绪尔的观点是一致的。索氏在《教程》中也特别指出，重音不改变能指的线性特征。而倾向于功能主义的拉姆（Lamb）却认为，"音位系统就是一个网络，线性是音位系统产生的特性，而不是音位系统本身。换言之，音位系统是非线性的，系统的表现才是线性的"（胡壮麟，1991：7）。我们认为后一种观点更有见地。

在句法这一层面的分析上，布龙菲尔德（Bloomfield）之后的结构主义语言学家成绩卓著。"直接成分"这一概念的提出开辟了句法分析的新领域。直接成分分析法把一维的传统句法分析方法变成了二维的分析方法。树形图同时显示了句内各成分之间的线性关系和层次关系（hierarchy）。例如（2）所示：

They made the decision on the boat.（他们做出了关于那条船的决定。/他们在那条船上做出该项决定。）

（2）

a.

```
            S
          /   \
        NP     VP
        |    / | \
       Pro  V  NP
               / \
             Det  N  PP
                    / \
                   P   NP
                      / \
                    Det  N
```
They made the decision on the boat

b.

```
            S
          /   \
        NP     VP
        |    /   \
       Pro  V     NP
              /  |  \
            Det  N   PP
                    / \
                   P   NP
                      / \
                    Det  N
```
They made the decision on the boat

例（2）中各成分的线性序列中包含着两种不同的层次关系。在（2a）中PP是NP的直接成分，在（2b）中PP是VP的直接成分。可见，直接成分分析法

（用树形图这一表现形式）能直观地把歧义结构中的不同层次关系展现出来。这不能不说是一大创造。但是遇到非连续成分它就不那么得心应手了。

非连续成分与歧义结构截然不同。前者序列不同，层次关系相同；后者序列相同，层次关系不同。乔姆斯基（Chomsky）等转换生成语法学家认为，（3a）和（3b）是序列（他们称表层结构）不同的同义结构：

　　（3）a. John turned off the machine.
　　　　b. John turned the machine off.
　　　　（约翰关了那台机器。）

（3b）是（3a）的衍生结构，转换过程中应用了助词移位（particle movement）规则。他们把诸如此类的转换过程视为语言的心理实在性来探究。因此可以说，乔姆斯基生成语法理论的问世又开辟了句子结构分析的新领域。生成语法学家对句子内部的组合关系不作静态分析而试图作动态分析。从布龙菲尔德到乔姆斯基，尽管理论目标不同，方法各异，但他们的研究对象大体上都是组合关系。他们的研究成果揭示了这样一个语言事实：线性序列中存在着非线性关系。

1.3　语言符号的基本特性是线性还是非线性？

上文说到线性特征是就语言符号的物质外壳而言的，是组合关系的呈现形式。而组合关系中又存在非线性。换句话说，语言符号系统中既有线性特征又有非线性特征。如果这个说法符合语言的实际，那么人们不禁要进一步问：语言符号的基本特性是线性还是非线性？

对语言学家来说，这或许是个心照不宣的问题。没人正面提出这个问题，但谁也无法回避它。描写也好，解释也罢，总有个对象问题。形式主义者侧重研究组合关系，认为这是语言的主要事实。乔姆斯基强调人类语言的创造性，即用有限的规则造出无限的句子的特性。句子之所以是无限的，其主要原因在于有限的句法规则可以无穷重复使用，即利用语言符号的递归性（recursiveness）。乔氏认为语言学家的任务是要把潜存于理想化的说/听话人头脑中的遣词造句规则明确地描述出来，以解释人脑生成无限句子的能力

（Chomsky，1965）。乔氏早期著作中的句法自足论反映了形式主义者的语言观，把语言符号系统视为音系和句法两个层次的组合。从广义上说，这两个层次都属于索氏的能指范畴。

功能主义者认为语言是系统的系统，包括语义、词汇、句法和音系等相互关联的子系统。弗斯（Firth）把聚合关系称为"系统"，把组合关系称为"结构"。耶姆斯列夫（Hjemslev）用"过程"而不用"结构"，过程的底层是链接关系。韩氏把语言系统视为一种可进行语义选择的网络，当有关子系统的每一个步骤——实现后便产生结构（胡壮麟，1988）。功能主义视角下的结构（组合关系）是在各子系统中做出适当选择后才出现的产物，是第二位的。而说话人根据用意和语境所做出的选择才是第一位的。也就是说，功能主义者把聚合关系看成语言的基本特性。

两派研究的对象都是语言的事实，各自有其理论框架加以解释。综合这两大理论框架所解释的语言事实，我们可以对上面的问题简答如下。1）语言符号系统中存在组合和聚合这两种类型的关系；2）组合关系的呈现形式是线性的，聚合关系是非线性的；3）组合关系的实质是非线性的（是层次关系），所以从大体上说符号基本上是非线性的。这个结论的三个前提是语言学家所认定的事实。

哲学家波普（Popper）（1972）的"三个世界"理论对我们进一步认识语言的基本特性颇有启发。他在《客观知识》一书中把物质世界称作"世界1"，它包括物质的对象和状态。把精神世界称作"世界2"，它包括心里素质、意识状态、主观经验等。波普用"世界3"来指人类精神活动的产物，即思想内容的世界或客观意义上的观念世界。他认为这三个世界都是实在的，它们之间直接或间接地发生作用。衣食能给人以温饱和充沛的精力，这是"世界1"作用于"世界2"。人的坚强意志能克服暂时的物资缺乏，这是"世界2"作用于"世界1"。炽热情感可激发音乐家写出优美动听的乐章，这是"世界2"作用于"世界3"。反之，优美的音乐能激发听众的热情，这是"世界3"作用于"世界2"。"世界1"与"世界3"通过"世界2"间接地相互作用。他认为这方面的最佳例证莫过于人脑（世界1）和语言（世界3）之间的相互作用。其结果不仅促使人脑不断进化，也促进了语言的发展。在波普看来，"世界3"一方面是人类智力的产物，是人造的；另一方面它又是超人的，即超越了自己的创造者。但是这种人造性并不排除它的实在性。它的实在性表现在：其一，它在"世界1"中物质化或具体化；其二，它有自身的自主性和独立性。

借用波普的术语，我们可以说：线性是语言在"世界1"中的物质化或具体化；非线性表现在它自身的自主性和独立性。不过，这并未全部回答我们的问题，因为我们还不十分清楚自主性和独立性的含义是什么，无法比较这两种实在性的重要程度。

利奇（Leech）（1983）对波普的理论做了阐释和补充。他说波氏并未声称"三个世界"的认识论是完美的，于是便"见缝插针"，把三个世界扩展为四个世界。他认为波氏所说的"世界2"和"世界3"之间缺少一个世界，即社会事实（Searle称为institutional facts）。用"世界3"指社会事实，"世界4"指人类精神活动的产物。"世界4"包容其他三个世界，以论述功能承载"世界4"（或以元语言功能承载其自身）。一本书一旦出版，它包含的内容便成为独立于主体的客观存在。同样，一个语言也可以独立存在于言语社团之中。正是在这个意义上语言被视为独立的、自主的。但是既然它包容其他三个世界，这种独立性和自主性就是相对的。它的存在毕竟是以其他三个世界为条件的。因此可以说，语言符号既存在于又独立于其他三个世界。

现在我们可以借用波普和利奇的理论来分析一下语言符号在包容并具体化于其他三个世界的同时呈现出的线性和非线性特征，列表如下：

		世界1 （物质的）	世界2 （精神的）	世界3 （社会的）
语言符号	线性	+	—	—
	非线性	+	+	+

如上文所述，语言符号在"世界1"中物质化、具体化，其呈现形式是线性的。但它的表达功能可以将有关物质世界中的状态与动作转化为信息，使说/作者与听/读者之间的信息交流成为可能。对于作者来说，语篇谋略要建立起来的或解决的正是如何把非线性的物质世界映现于线性表达上。画家是在二维空间内塑造形象，雕塑家是在三维空间内塑造形象，而作家只是在一维空间

内塑造形象。作为语言的艺术，文学就是以线性的符号排列来表达非线性的世界。只要言之有物，语言符号就不单单是一个音链。所以说语言在"世界1"中既有线性特征又有非线性特征。

语言符号中能指与所指的关系是在"世界2"中建立起来的（Ogden and Richards, 1923）。如前所述，索氏所说的线性特征是就能指而言的，能指与所指之间的联系是非线性的。认知心理学的图式（schema）理论已证实了这一点（Brown and Yule, 1983）。就能指而言，单位与单位之间也存在层次关系。这种层次关系可心领但无法目击。所以说它存在于"世界2"。从这两层意义上讲，语言在"世界2"中呈现出非线性。

语言符号作用于"世界3"，同时又以"世界3"为其组成层面。奥斯汀（Austin）的言语行为理论说明，与"世界3"发生作用时，语言呈现出非线性特征。表述性行为、施为性行为和成事性行为的划分（尽管尚有争议）雄辩地说明语言在通过"世界2"作用于"世界3"时是分层次的。奥斯汀等人的言语行为理论还从哲学角度为伦敦学派的语境论进一步提供了理论依据。在许多情况下，听话人只能推知发话人的施为性行为（Leech, 1983），推断则必须参照情景语境，即参与者的有关特征、相互关系、所从事的活动、周围有关事物等。不参照这些就难以正确理解话语。离开情景语境，听话人无法理解（4）中所传递的信息，也无法推断（5）中所包含的用意。

（4）He went there last week.（他上周到那去了。）

（5）Are you free this evening?（你今晚有空吗？）

不难看出，语境（"世界3"的一部分）是语言符号（世界4）通过"世界2"作用于"世界3"的接触面。以上这两方面说明，语言符号与"世界3"相互作用、相互关联所呈现出的特征也是非线性的。

综上所述，语言（世界4）在包容、体现于、作用于其他三个世界的过程中所呈现的基本特征是非线性。它是既独立存在又体现于、作用于其他三个世界的多层次立体网络。线性是其表象，非线性是其实质。

1.4 结束语

本章的标题之所以加上"问题"二字，原因有两个：其一，某些语言学著述中对线性特征这一概念做了不同的解释；其二，在一定意义上不同的语言学理论决定了语言描述与解释的语言事实不同。因此对什么是语言的基本事实没有统一的认识。线性特征问题关系到语言的基本事实。关于这个问题本章试图说明的内容可概括为：线性与非线性构成语言实在性的二项对立，其实质是"表"与"里"的对立。说语言基本是线性的（如开头引文所述）不免有些以"表"代"里"，以偏概全，是对语言基本事实的曲解。

当然，对语言符号线性特征的不同看法在一定程度上反映了不同的语言观，难免见仁见智。形式主义者和功能主义者各有自己的理论体系和研究对象，分别描写、解释了部分语言事实。说二者是互补的，自然也顺理成章。然而，如果语言的基本特征是非线性，那么乔氏的逻辑句法学在解释力上就略逊一筹。

探讨语言符号的线性特征问题不仅是语言学领域内的事，它对语言教师也有启发。正如科德（Corder，1973）指出的："假如我们教的是语言，我们处理工作的方法会受到我们对语言的看法的影响，也即受到关于语言的某种或几种看来和我们面临的特定问题有关的非正式理论的影响，甚至取决于这些理论。"关于语言基本特性的认识直接影响语言教师对"教什么"和"怎么教"这两个根本问题的回答，即影响教学大纲的制定和教学方法的选择。关于这一点我们将在下篇中探讨。

第二章
词项空缺

2.0 引言

词是一个非常复杂的语言现象。迄今尚没有一个普遍接受的定义。《现代汉语词典》把词定义为:"语言中最小的、可以自由运用的单位"。《朗曼现代英语词典》给词下的定义是:"One or more sounds which can be spoken (together) to represent an idea, object, action, etc."(可在话语中用来代表概念、物体、动作等的音或音的组合)。尽管不同的定义表述法不同,但作为语言的一个单位,词必须是一定的语音与一定的意义结合才能成立。关于这一点索绪尔(Saussure)早已阐述得非常清楚。

如果一组音听起来很像一个词但却不是词(即还没有代表任何意义),语言学家称其为偶然空缺(accidental gap)。如英语中[filk], [kilb], [blit]听上去都像个词(因为它们符合英语的音位组合规律),然而在英语词典中都找不到相应的词。可见词与非词的界限是音与义是否对应。单从音与义的对应关系来看这种空缺是偶然的。本章要探讨的问题是:从词汇语义系统来看词项空缺是不是偶然的?在回答这个问题之前需首先区分空缺与非空缺、语义系统性与非语义系统性空缺。

2.1 语义系统性词项空缺的认定

2.1.1 空缺与非空缺

乔姆斯基(Chomsky)(1965)认为一个语言的形体有三种情况:已出

现；不可能出现；可能出现但尚未出现。以英语为例：blink是已出现的词；[*nblik]是根本不可能成为英语词的；[blınt]可能成为英语词但尚不是英语词。以此为据我们可以说，不是所有没出现的形体都是空缺，只有那些可能出现而尚未出现的才可视为空缺。

2.1.2 语义系统性空缺与非语义系统性空缺

上节说一个语言中可能出现而未出现的形体方视为空缺。这里列出三种类型的空缺，并从语义系统的角度区分系统性与非系统性词项空缺。

2.1.2.1 词素类空缺

词素是语言中最小的有意义的单位。词素的代表形式是音位或音位组合。某些音位组合符合一个语言的音位组合规律但并不表达意义时就出现了词素空缺，如英语中的/blınt/和汉语中的/piang/。这类空缺与语义系统无关，因此我们视其为非语义系统性词项空缺。

2.1.2.2 词素组合类空缺

词由词素或词素组合构成。英语中的许多词由词干加前缀或加后缀派生而成。有的前缀（如un-，mis-）和后缀（如-ly，-y）非常多产，可以与相当数量的词干结合，然而确实有些词素的组合似符合构词规则但却不是词，如*ungood, *mismove, *thingy等。这些似是而非的词素组合也是一类词项空缺。这种词项空缺是从形体组合推出来的，也不涉及语义系统。故可视为非语义系统性词项空缺。

2.1.2.3 义素组合类空缺

如果我们把一个语义场内的词项集中起来，分析每一词的义素，就可找出该语义场的共性语义特征。再把某些义素组合起来，那些没有词来代表的义素组合就构成了义素组合类空缺。列矩阵举例如下：

	HUMAN	ANIMAL	PLANT
DEAD	Corpse		Φ

	MALE	FEMALE	YOUNG
HUMAN	man	woman	child
HORSE	stallion	mare	foal
DOG	Φ	bitch	puppy
CHICKEN	rooster	hen	chick

从中可见，DEAD PLANT和MALE DOG这类义素组合在英语中无词项表达。这类义素组合性的空缺是语义系统内的词项空缺。这类词项空缺是在语义场内参照其他义素组合考证出来的（如DEAD HUMAN：corpse，FEMALE DOG：bitch，YOUNG DOG：puppy）。

义素组合类空缺不同于词素类空缺，原因在于它是从语义系统内考证出来的义在形无的空缺，而词素类空缺是形在义无的空缺。它也不同于词素组合类空缺，因为后者是从形体组合可能性的角度考证出来的。换言之，义素组合类空缺是一个语言的词汇语义系统内出现的空缺。这种词项空缺有时会给言语交际带来不便。但语言的系统性和灵活性可以弥补这种词项空缺在交际过程中所应担当的功能。

2.2 语义系统性词项空缺的功能补偿

语义系统性词项空缺给言语表达带来不便，但这不等于说不可能表达词项空缺的语义内容。观察人们的日常交谈不难发现，词项空缺造成的空档是可以通过语词或语法手段来补偿的。据初步观察我们发现三种常用的补偿方式。

2.2.1 以短语补偿

请看下面的例句：

（1）What I want you to do is get rid of those dead plants.

（2）Many people prefer to keep a male dog as a pet.

（3）Young animals are all lovely creatures.

以上三例中都是以短语来补偿义素组合类空缺的。这种补偿方式虽略显不便，但语义信息没有衰减。

2.2.2 以上义词来补偿

有时用短语补偿词项空缺会造出累赘的句式。在这种情况下往往用上义词来补偿空缺。英语中没有词表达cook on a hot surface和cook fast in boiling water，即没有"烙"和"涮"的对等词。假如以短语补偿空缺就会出现下面的句式：

（4）?For lunch I'll cook on a hot surface some pancakes.

（5）?The specialty of this restaurant is mutton cooked fast in boiling water.

英语为本族语的人常说的是make pancakes。这就是以上义词来补偿下义词的空缺。这种补偿方式之优是表达方便、避免累赘，之劣是在语句表达中出现了明显的信息衰减。

2.2.3 以上义词加修饰语（或限定语）来补偿

在语言之间互译时，一个语言中的词项可能恰好是另一个语言中的义素组合类空缺。在这种情况下多以上义词加修饰语（或限定语）来补偿词项空缺。请看下列英汉词项与译语释义的对应：

帅——commander in chief
诵——read aloud
仰——face upward
mutter——<u>小声而含糊不清地说</u>
murmur——<u>小声说</u>
whisper——<u>低声说</u>
yell——<u>叫喊着说</u>

这种补偿方式基本上保持了语义信息的对等。不过在译文文体方面或多或少会导致文体风格的走样。考虑到两种语言间词化程度上存在差异，这种文体风格的差异也只好忽略不计。

2.3 词项空缺与词化程度的关系

上节着力说明的是词项空缺并不致于造成交际功能空缺，因为整个语言符号系统是完全可以进行自我补偿的。词汇表达法（亦称综合表达法）所不能完成的可以由分析型表达法来补偿。就某一个语言来说，词汇表达法越多，词化程度（degree of lexicalization）越高，词项空缺（义素组合类）越少。或者说一个语言中词项空缺的多少是与词化程度的高低成反比的。

要对两种语言作整体上的词项空缺和词化程度对比是非常艰巨的任务。然而从外语学习者的角度说，注意同一语义场内两种语言间词项空缺和词化程度差异，的确有助于语言运用能力的提高。学习者至少应知道母语中的词项空缺未必在目的语中也是空缺。作者在一次招待会上听到一位操较流利英语的中国学者称"杏仁"为apricot seed。美国主持人当时善意地纠正了他。汉语中的"杏仁"属分析型表达，而在英语中恰当的表达（almond）是综合型表达。另如，羽毛球、冰球、单打式墙网球等体育项目在英语中都是综合型表达法（badminton，hockey，squash）。如果学习者不注意这种情况就不会有意识地记忆这些词。其结果是在交际过程中采用直译法，往往会导致交际失误。我们在教学过程中发现中国学生在英语作文中倾向于过多地使用"make+宾语+宾补"的句式来取代英语中的使役动词（如frighten，enrich，intensify等）。诸如此类的现象说明，在语义场内进行两种语言间的词项空缺和词化程度的对比是有实际意义的。

2.4 结束语

打开一本词典我们看到的是一个语言中已有的词项，见不到那个语言中所缺少的词项。词汇学和语义学著作都分析已有词项的构成规律和词项之间的语义关系，不涉及词项空缺问题。然而从语义学的角度研究词项空缺同样是有理论意义和实际意义的。本章在这方面作了尝试，首先界定了词与非词、空缺与非空缺、语义系统性与非语义系统性词项空缺,然后分析了词项空缺的功能补偿方式以及词项空缺与词化程度之间的关系。从词化程度与词项空缺的关系来看词项空缺这一语言现象,我们得出了它不是偶然现象的结论。

  语言的认知功能为研究语义现象开辟了更宽阔的视界。人们用语言传递意义,同时也用语言创造意义。人们将已知的信息经提炼后上升为概念。这个概念化过程离不开语言符号的作用。没有符号大脑就无法储存和提取信息,人们就无法用语言传递意义。可以说概念化过程既是符号化过程,也是词化过程。从后于经验的角度说,人们可以用已有的词符创造新的意义。当新造的意义被社团成员接受并传播,然而却没有单个词符表达它时,就出现了语义词项空缺。说到这并没完全回答本章开头的问题。功能主义语言学家视语言发展史为部分人类文明史(Halliday,1992:66)。把词项空缺现象放在语言与文明的大视野里去考察,很可能找到更充分的论据来说明它不是一个偶然现象。比如英汉两种语言中都有DEAD PLANT这一词项空缺,这是否因为两种文化进入农业文明阶段都晚于两种语言的成熟呢?我们以这个问题为结束语,愿它与本章一并成为引玉之砖。

第三章
交际动态与信息中心

3.0 引言

交际动态论（communicative dynamism），实际上是运用功能语法理论对句子进行功能解析（functional sentence perspective）的一种理论方法。[1]然而，真正把这一理论方法引入英语语法研究领域则应归功于《当代英语语法》的作者夸克（Quirk）等四位英国学者。这部具有权威性的语法论著独辟蹊径，第一次描写了英语话语结构与语调的关系。于1985年他们又共同完成《当代英语语法》的扩编《英语语法大全》（*A Comprehensive Grammar of the English Language*）。这部新著的第十八章给交际动态下了明确的定义："交际动态指在构成一个语句的不同成分之间所表现出来的交际价值的变化"（1985：1356）。这一思想的重新提出和运用对于我们认识信息传递与语言系统内部结构的关系有着重要指导意义。

在对句子进行交际动态分析时，通常要涉及主位（theme）、述位（rheme）、中心（focus）、强调（emphasis）等问题。其中对信息中心的探讨最引人注目，也是最有争议的问题。本章的讨论以《大全》为主要依据，通过交际动态与信息中心的变化在音系层面上解释语言的结构和功能的关系。

3.1 无标记中心和有标记中心

人们用语言进行交际，实际上是一种信息传递过程。说话人发出信息，

---

[1] 何自然对交际动态论的来源及其发展作过概述，见"信息理论与英语结构"，《现代外语》，1987年第1期。

把有声的意义单位（词）按一定的语法规则组成信息结构（句子），这就是信息的编码过程；听话人接收信息，根据说话人所产生的语句来理解对方所表达的意义，这就是信息的解码过程。对句子结构作交际动态分析，实际上是联系语境考察组织信息的过程（information processing）和理解信息的过程（information receiving），从而揭示信息传递与语言结构内在的联系。

交际动态论告诉我们：语句中的交际单位（句子成分）的交际价值不是等同的，而是按其交际价值的高低线性排列的，表现出一种价值等级的状态。这就是我们通常所说的组织信息要遵循的"末端中心原则"。信息表现的这一基本规律与语音表现的音韵特征有着相对应的关系。例如：

（What was wrong with John?）
（1）/He should have replied to my *letter*. /

这个语句中，主语he的交际价值最小，说话时表现为弱读（即带有弱重音：weak stress），谓语should have replied的交际价值较大，说话时表现为较重读（即带有非调核重音：nonnuclear stress）。而状语to my letter的交际价值最大，说话时表现为重读，（即带有调核重音：intonation nuclear stress），调核落在这个短语的主词（head word）*letter*上。

调核用来突出一个信息片断中最重要的信息，调核的位置就是信息中心的位置，新信息就在这里。正如上例所示，当调核出现在一个语句末端开放词类的词项（open-class item）上时，那么这个信息中心就称末端中心（end-focus），即无标记中心（unmarked focus）。无标记中心只出现在句子没有任何干扰因素的语境下，说明语言成分的交际动态从句首至句末逐渐增高（Firbas，1980：125）。

有标记中心（marked focus）是与无标记中心相对而言的。由于在一定的语境下受某些因素的干扰，信息中心就会发生由无标记位置向有标记位置的变化，即出现在它前面的任何一个句子成分上，这时的信息中心就叫作有标记中心。例如：

（2）/I am going to *London*. /
/I am going *to* London. /

/I am *going* to London. /

/I *am* going to London. /

/*I* am going to London. /

上例说明，在一定的语境下，信息中心（斜体）可从其无标记位置移向它前面的任何一个有标记位置的成分上。随着信息中心的转移，语句中成分的交际价值发生了变化，信息中心随着语言成分交际价值的增高而改变其位置。换言之，无论信息中心的位置怎样变化，它总是出现在交际价值最高的语言成分上。交际动态与信息中心的这种同一关系可以用下列图表表示：

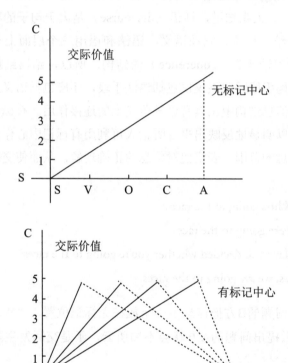

说明：上图表示交际动态与无标记中心的关系；下图表示交际动态与有标记中心的关系。其中，S轴表示句子成分的排列顺序，C轴表示交际价值的高低。

信息中心位置上的变化对于合理地组织信息和正确地理解信息都是十分重要的。其重要性在于有标记中心表达的是话语意义，而不是句子意义。

3.2 有标记中心的功能

要认识有标记中心表达话语意义的实质，我们有必要探究它在信息传递中的作用。有标记中心的作用可以从下面两个方面来分析。

3.2.1 句法功能

有标记中心的句法功能，表现在它在话语结构中起着重要的连接（cohesion）作用。根据韩礼德（Halliday）的研究，"语言的概念功能和交际双方的相互作用，通过话语结构手段交织在一起，构成一个连贯的整体"（1973：110）。大家知道，话语（discourse）是大于句子的单位，也可以说是几个句子的结合单位，它在语义、语法和语用三个层面上有机地结合在一起，构成一个和谐连贯（coherence）的结构。所以，话语结构实质上是信息结构，话语结构手段因此不仅仅包括语法手段，还应包括语义上的连接手段。有标记中心在信息结构中正具有这种语义上的连接作用。有标记中心的连接作用在对话中可以明显地反映出来。听话人可利用有标记中心作为联结话语的纽带，缩小新信息的范围，表明他对信息的正确理解，从而使交际顺利进行。例如：

（3）A: Who's going to the races?

B: *We*'re going to the races.

A: Have you decided whether you're going to the races?

B: Yes, we *are* going to the races.

假如回答问题的B方把信息中心错放在无标记位置，"We're going to the *races*."，那么提出问题的A方就会不知所云，于是交际发生障碍，出现负反馈现象。

对话中出现的大量省略现象，更直接地反映出有标记中心语义上的连接作用：

（4）A: Where are you going for your spring vacation?

B: San Francisco.

A: Are you flying?

B: No, I *can't*.

省略不但不会产生语义上的歧义，而且话语听起来自然流畅，和谐连贯。所以教学上只讲省略现象还不够，还必须进一步指出省略的原因及其作用。

有标记中心的连接作用还表现在它常常和有标记主位（marked theme）同出现在一个位置上，而有标记主位的作用通常是与上下文所提供的信息相呼应，其重要的方面是强调与上文的直接联结。例如：

（5）A: You should take up swimming for relaxation.
　　 B: /*Relaxation* you call it. /

即使是阅读书面语言材料时，我们同样会发现有标记中心和有标记主位的同一关系：

（For most people are proud to tell what their fathers did in the past. ）
（6）*This* we may call *remembered* history.

例句6中的有标记主位传递的是已知信息，但它仍带有调核重音。这时有标记中心明显地具有承上启下的作用。

当然，无标记中心有时也具有交接作用，主要见于并列结构中。例如：

（7）/She arrived *yesterday*/and he'll arrive *tomorrow*./
（8）/I'm not seeking *burglary insurance*/but *fire insurance*./

观察上面两个例子，信息中心出现在两个语调单位中，前面的调核上升或降升是为了后面标明交际价值最高点的调核下降作准备，前后呼应，达到话语的连贯。这种中心称作"连结中心"（concatenated focus）。

3.2.2 语义功能

语义功能这里指有标记中心在话语中所表达的语用含义（pragmatic meaning）。说话人要表达一定的意义，就必然要选择一定的语言形式。没有两种不同的形式能表达一种完全相同的意义。反之亦然。可以说没有意义上的区别也就没有形式上的区别。[1]信息中心位置上的变化导致了话语结构内部的变化。因此，有标记中心必然要反映出说话人的某种交际目的，通常是突出强

---

[1] D. Bolinger（1979）*Meaning and Form*. Longman. 见夸克（Quirk）所作的序言。

调某种信息，但强调的意图是多方面的，有时是为了表达意义上的对比，有时是为了修正信息传递中的错误，或表达说话人主观上的某种反向性等。下面将分别加以叙述。

3.2.2.1 表示对比

有标记中心最基本的语义功能是表达意义上的对比，当说话人要通过对比来特别强调某种信息时，就会出现这种对比中心（contrastive focus），它能确定预设集（presuppositional set）中词项意义上的选择，即选择的是A，不是B，也不是C。例如：

（9）/He was speaking to *me*./（*not you*）
（10）/I came *across* that road. /（*not along that road*）
（11）/Hand your paper *in*./（*You're not allowed to keep it*）
（12）（*I know she works with John.*）/ But who does she work *for*?/

观察上举各例会发现，对比中心通常出现在封闭类中的词项上。虽然封闭词类和开放词类相比，前者的交际价值在语句中要比后者的低，但当出现有标记中心时，交际价值则增高，因而能表达言外之意。

3.2.2.2 表示正误

交际中经常出现负反馈现象，即双方在理解上出现错误。交际的双方为了相互纠正在传递和接收信息中所产生的误解，就会产生正误中心（corrective focus）。例如：

（13）But I said *Dylan* Thomas was born in 1914. /（not Edward Thomas）
（14）/I just wanted a couple of *picture* books/and he started showing me some picture *books*. /
（15）/I said there were *many* grammars. /（not a grammar）

如果把对比中心和正误中心加以对比，有两种明显的区别：其一，对比中心易出现在封闭词类上，而正误中心则易出现在开放词类上；其二，对比中心能改变句重音规律，而正误中心则能改变词重音规律（见例（14）复合名词

picture books的重音变化；例（15）单个词grammars的重音变化）。[1]

3.2.2.3 表示主观反向性

人们所传递的信息不仅仅是由词以语法结构为骨架组成的内容，还应包含思想感情等内容（陈文达，1983）。当有标记中心出现在语句中的功能词上时，能鲜明地表明说话人主观上（思想、感情等）的反向性（polarity），形成肯定与否定、事实与反事实、确信与怀疑等对比，甚至还能表达喜怒哀乐等情感。例如：

(16) A:（Why haven't you had a bath?）
　　　B: /I *have* had a bath. /
(17) /I *can* come. /（*You are wrong to think I cannot.*）
(18) /Your opinion polls *may* be right. /（*but I suspect they're not.*）
(19) /You *dare* touch me! /（*I'm afraid you dare not.*）

还有一种信息中心，称作分隔中心（divided focus），即调核分别出现在两个词项上，前降后升或前升后降。这种有标记中心有时也可表示说话人主观上的某种反向性。例如：

(20) /He's *fairly clever*./
(21) A: (This is John's girl friend.)
　　　B: /I *thought* he was *married*. /

例（20）是基于提出过的问题发表个人的看法，虽说用词带有肯定的意思，但带有疑问的口吻。例（21）表示事实与说话人所预测的完全相反。

以上我们在句法和语义两个方面粗略地考察了有标记中心在信息传递中的作用。尽管还有许多细节尚未触及，但也足以说明当信息中心由无标记位置向有标记位置变化时，表达的是话语意义，而不是句子意义。

3.3 影响信息中心位置变化的因素

我们已经注意到信息中心在语句中的位置是极不稳定的。那么其位置的不

---

[1] 王宗炎对词重音和句重音有过精辟的论述，见"英语重音与词法"，《外语教学与研究》，1965年第1期。

稳定性是什么所决定的呢？它在信息传递中与哪些因素有联系呢？客观地讲，关于信息中心位置的问题目前还说不清楚，拿鲍林格（Bolinger）的话说，这个问题是"先有鸡还是先有蛋"的问题。尽管如此，我们认为开展讨论仍是必要的。

根据交际动态来考察，信息中心的位置与构成语句的成分之间所表现出来的交际动态有着直接联系。这种联系是信息中心总出现在交际价值最高的语言成分上。信息中心由无标记位置移向有标记位置，标志着语言成分在话语中的交际价值发生了变化。因此，考察影响信息中心位置变化的因素，必须以分析话语中语言成分的交际价值及其变化为出发点。我们认为对信息中心位置变化产生影响的决非一种因素，而是语境、语法、语义这三种主要因素相互作用的结果。

3.3.1 语境的决定因素

交际离不开语境，分析语言成分的交际价值及其变化当然也离不开语境。语境的作用主要表现在下面两个方面：

首先，语境决定着语言成分交际价值的高低，从而决定信息中心的位置。语言成分交际价值的高低，是在一定的语境下表现出来的。如果一个成分是从属于语境的（context dependent），其交际价值就低；反之，如果是独立于语境的（context independent），其交际价值就高（Firbas，1980：127）。从属于语境是指通过上下文可以预测到的信息（即已知信息），而独立于语境正相反，指从上下文无法预测的信息（即新信息）。我们通常说主位表达已知信息，述位表达新信息，其原因就在于主位通常是从属于语境的。代词以及代用词（pro-words）一般也表达已知信息，也是这个道理。假如主位上的成分获得了信息中心，那么述位上的成分一定具有从属于语境的某些特征。

但是应该看到，一个成分是从属于语境的还是独立于语境的，有时受说话人交际目的控制。然而说话人在任何情况下都不可能超脱于语境而进行结构的选择。从这个意义上讲，语境就是影响信息中心位置变化的决定因素。

其次，语境能对说话人的心理产生影响，由此决定其对信息中心的位置作出不同的选择。从这个意义上讲，语境指言语之外的情景，包括所共知的客观世界。但对说话人主要产生影响的是交际所涉及的地点、时间、话题等。在不同的场所可能会出现下面的情况：

（22）A: /The prisoners have *escaped*./

B: /The *prisoners* have escaped./

A句中信息中心出现在escaped上，说明交际的地点可能在劳改农场，因为顾名思义，劳改农场是犯人的劳动场所，引起说话人兴趣的不是犯人，而是与犯人相联系的行为活动。所以"逃跑"的行为会在说话人的心理上产生影响。而B句的情况说明交际的地点可能在警察局，因为警察局具有多重功能，那里不但有被看守的犯人，可能还有被扣留审查是否酒后驾车的司机，也可能还有在采访的记者等。说话人受这种情景的影响，就倾向于具体指出警察局的哪一种功能，所以prisoners上出现信息中心（Gussenhoven，1984：104）。

属于语境范畴的英语变体也与信息中心的位置有关，例如英国英语和美国英语：

（23）A: /I went to France last *week*./

B: /I went to *France* last week./

A句可能是英国人讲的，而B句很可能是美国人讲的（见Quirk et al.，1985：1360）。

上面所谈到的语境的作用，实际上是说，语言性语境和非语言性语境可能对信息中心的位置产生影响。虽然语境是影响信息中心位置变化的决定因素，但不是唯一的因素。

3.3.2 语义和语法的内在因素

信息是语词通过语法的桥梁组成一定的信息结构来传递的，孤立的语词只能作为信息的载体而存在。所以，信息中心必然与语言成分的语义内容和语法结构发生联系。

在一定的语法结构中，语言成分之间的语义关系能表明交际价值的高低，从而影响信息中心的位置。例如：

（24）A: /The *bell* is ringing./

B: /The bell is *glitering*./

这两个句子都是主谓结构（名词+不及物动词），即语法结构相同，但由于每个句子的构成成分之间表现出来的语义关系不同，信息中心的位置也就不同。A句的主语名词bell和谓语动词ring之间在语义上存在着密切联系，即动词明显表示出名词最"一般"的行为活动，以至于通过名词，动词所传递的信息完全可以预测。所以这时名词的交际价值要比动词的交际价值高，因而有标记中心出现这个名词上。而在B句中，主语名词和谓语动词的语义关系则不同。我们不能通过这个名词预测到动词所传递的信息，相比之下，动词的交际价值较高。所以出现末端中心。下面的例句同样说明语义关系的重要性：

（25）A: /We have various *students* to teach./
B: /We have various students to *reprimand*./

（26）A: /I have many *articles* to read./
B: /I have many articles to *computerize*./

例句进一步说明，在相同的语法结构中，因语言成分之间的语义关系不同，信息中心的位置会发生变化。

在一定的语法结构中，由于词的语义内容不同，交际价值也不一样，由此也能引起信息中心位置的变化。例如：

（27）A: /She's a *brilliant* person./
B: /She's a brilliant *teacher*./

A句中person表示一般的抽象涵义，其语义重量（semantic weight）则比它的前置修饰语brilliant要轻；对比之下，B句中teacher的涵义较具体，信息中心的位置就不同。这说明在相同的语法结构中，表示抽象、概括意义的词比表示具体特定意义的词的交际价值要低，因而获得信息中心的可能性就小。

英语中还有一些用于突出强调的附加语（focusing adjuncts），如only, also, even等。当这些词出现在主谓之间时，在一定语境下会影响信息中心的位置，其语句所表达的涵义明显不同。例如：

（28）A: /John only *bought* beer in the supermarket./
(=John did nothing else with respect to beer but bought it.)
B: /John only bought *beer* in the supermarket./

(=John didn't buy anything else but beer.)
C: /John only bought beer in the *supermarket*./
(=John didn't buy beer in any other place but in the supermarket.)

英语中有些特殊句子结构已经证明是受信息传递规律所支配的，比如断裂句、假断裂句、存在句、倒装句、it作先行主语的结构等，在这些语法结构中信息中心位置趋于固定。此外，有些语法结构的语义内容特征足以决定其在语句中交际价值的高低，如引导性用语、插入语、起补充说明作用的同位语，表示一般意义的状语等。这些结构只起到为构成话语提供背景信息（background information）的作用，所以交际价值较低。例如：

（29）/I never smoke, *you know*./
（30）/The workers, *in particular*, /are dissatisfied./
（31）/She's given me a new tie, /*the little darling*./
（32）/They can go for walks/*if the weather's fine*./
（33）/What was it like/*on the whole*?/

上面各例中的斜体部分在句中的作用决定其交际价值较低，这时信息中心出现在前面的成分上。

上述分析告诉我们，语法结构及其语义特征是影响信息中心位置变化的内在因素。但信息中心与语法及语义不是孤立地发生联系，而是在一定语境下两者因素的合力作用引起信息中心位置的变化。换言之，信息中心位置的变化是语境、语法和语义三种因素相互联系、相互作用的结果。

3.4 结束语

我们认为有必要指出，如果把我们的分析深入一步，就必然要涉及交际双方的相互作用对信息中心位置变化的影响问题。我们承认虽然语境是决定因素，但说话人有时主观上有控制语境的反作用。但这个问题十分复杂，因为与交际者发生联系的还有副语言特征（paralinguistic features）等因素。所以，我们只能局限于语法的范围内讨论信息中心与语言系统内部结构之间的关系。

关于信息中心问题，近些年来国外学者探讨得较多，分歧也很大，归纳起来可分为两派：一派认为信息中心可以基于句法，在语用的平面上加以描写；而另一派则认为信息中心只能基于词法，其位置变化完全是语义上的自由选择。前者称规则决定论（rule-determinism），后者称自由选择论（free-choice）。两派争执不休，尚未取得一致意见。然而，夸克等把交际动态论引入了语法领域，开辟了探索信息中心与语言系统结构关系的道路。尽管还存在着某些局限性，但这项研究无疑开阔了人们的视野，因此值得我们重视。

第四章
无标记词序与有标记词序

4.0 引言

现代英语经历了由综合性语言向分析性语言演变的过程，形成了具有自身特点的词序系统。词序的固定性和灵变性是英语词序的两个特征，由此英语中产生了两种词序：无标记词序和有标记词序。本章将根据语言交际功能的理论，全面考察英语的词序系统，对无标记词序和有标记词序的关系提供功能的解释，进而在句法层面上加深理解语言的结构和功能的关系。

4.1 英语的词序系统

每一种语言都是按语法规则组词成句的。孤立地考察英语的词序，我们会感到词序现象错综复杂，难以掌握。但如果综合地来考察，把大量复杂的词序现象作为系统来研究，便不难发现现代英语的词序特征表现为具有两种词序形式：无标记词序和有标记词序。

无标记词序（unmarked word order）指句子结构按主—谓—宾（S—V—O）的基本顺序排列。语法书中所讲到的通常是这种词序，英语学习者首先接触到的也是这种词序，所以通常被称为正常词序或规则词序。我们把英语中所有带有这种词序特征的结构统称为无标记词序。

有标记词序（marked word order）通常被认为是"违反常规"的不规则词序。这种词序打破了无标记词序的排列方式，有明显的结构特征，所以是有标记的。我们把所有带有标记特征的结构统称为有标记词序。英语中无标记词序是大量的，有标记词序也不少见。无标记词序是基本词序（basic word order），有标记词序则是派生词序（derived word order）。请看下面几个句子：

(1) (a) He lost his wife in the war.
    (b) His wife he lost in the war.
(2) (a) The rain came down.
    (b) Down came the rain.
(3) (a) He has proved the prediction of the country's leading ecomomic experts wrong.
    (b) He has proved wrong the prediction of the country's leading ecomomic experts.

上举各例每组中（a）句属于无标记词序，（b）句则属于有标记词序。（a）（b）两句的组成成分完全相同，只是词序的排列方式有所不同。很明显，（a）、（b）两句之间，即无标记词序和有标记词序之间不是孤立存在的，而是紧密联系的。要全面考察英语的词序系统必须注意无标记词序与有标记词序之间的内在联系。

然而，由于传统上人们多从语言发展角度孤立地考察、研究英语的词序，只是在一维的语法平面（one-dimension level）上揭示词序规律，因此不可能认识这两种词序之间的联系。结构主义语法较传统语法向前迈进了一步。由于结构主义语法是在二维的语法平面（two-dimension level）上分析句子结构的，所以人们认识到语言成分在句子结构中不但按线性关系排列，而且还按层次关系排列。但结构主义语法也忽视了无标记词序和有标记词序之间的联系。转换生成语法的发展，开阔了人们的视野，使词序的研究在三维的语法平面（three-dimension level）上进行，从而人们认识到句子之间也存在着内在联系。但是转换生成语法注重形式，忽视意义，因此也无法对这种联系给予科学的解释。综上所述，过去的语法不是忽视了无标记词序和有标记词序的联系，就是忽视了导致词序变化的原因。

从语言交际功能的角度考察，人们运用语言进行交际的过程，实际上是组织信息和传递信息的过程。信息的组织既要符合一定的语义意图，又要符合一定的交际场合。无标记词序和有标记词序都是为满足交际的需要而存在的。虽然两种词序表达的结构意义相同，但情景意义是不同的。有标记词序是在一定语境下的无标记词序的变体。英语具有两种词序形式，反映出英语的词序有相对固定的一面，也有灵活多变的一面。这一特点是固定性原则和强调性原则相互作用的结果。

4.2 固定性原则与无标记词序

人们常说英语的词序是相对固定的，实际上，这是固定性原则在起作用。固定性（fixity）原则是指组成句子的成分（如主语、谓语、宾语等）在句子中按其语法关系和语义关系都占有相对固定的位置。这条原则可用下面的公式表示：

$$S, \quad P, \quad O, \quad C, \quad A \longrightarrow$$

公式中的符号S=subject（主语），P=predicate（谓语），O=object（宾语：如果直接宾语和间接宾语同时出现，词序是间接宾语+直接宾语，即Oi+Od），C=complement（补语：主语补语或宾语补语），A=adverbial（状语）。箭头"→"表示各成分之间的排列顺序。公式说明词序必须按这种基本方式安排，不能随意变动。因此，这条原则是强制性的（obligatory），不是选择性的（optional）。这就是说，固定性原则不受语言环境的制约，无论任何情况，词序只要按规定的次序排列，就能构成一个合格的语句。打个比方，一个人旅行，目的地是事先确定了的。无论采用什么交通工具（如汽车、火车、飞机等），最终都要到达目的地。从某种意义上讲，目的地带有些强制性。但在另一面，固定性原则可能受某些语言环境的影响。正如目的地确定以后，是乘汽车，还是乘火车，或是乘飞机是可以选择的；为了经济，可能选乘火车；为了沿路观赏，可能选乘汽车等。所以，固定性原则只规定了英语词序所遵循的一般规律。由于人们在通常情况下，总是按固定性原则来组织信息的，所以形成了无标记词序，表现出词序具有其相对固定性的特点。

受固定性原则的制约，英语产生了七种基本句式，[1]代表了无标记词序的基本结构：

---

[1] 关于英语的基本句式说法不一，有的认为有五种。本文以夸克（Quirk）等所著的 *A Grammar of Contemporary English* 为依据。

(4) (a) S V A   John is in the room.
(b) S V C   Mary is $\begin{cases} \text{kind.} \\ \text{a nurse.} \end{cases}$
(c) S V O   He opened the door.
(d) S V O A   I put the vase on the table.
(e) S V O C   We have proved him $\begin{cases} \text{wrong.} \\ \text{a fool.} \end{cases}$
(f) S V Oi Od   She told me a story.
(g) S V   The boy laughed.

从上面左侧的符号可以看出，这七种句式都是按固定性原则来安排，所以固定性原则决定着无标记词序。英语中其他结构都可看作是这七种基本结构的转换形式。转换的方式有两种：一是基本结构发生变化，二是基本结构中的成分在位置上发生变化。比如疑问句（一般疑问句和特殊疑问句）转换、否定句转换、被动句转换、存在句转换等，均属于前者。这些转换来的句式都带有某些标记。例如，一般疑问句是功能词be，have，do出现在句首；否定句是否定词not出现在be动词之后，行为动词之前；被动句是"逻辑"主语出现在句末；存在句是引导词there出现在句首等。同时应该看到，转换来的或派生来的句子结构本身又具有相对固定的词序，因为对于每一种转换来的结构来说，它的词序排列方式又是强制性的，不是选择性的。所以，像上述这些转换来的结构又可看作是无标记的。然而，像宾语的前置或后置等则属于后一种转换方式，这种转换有明显的标记，是典型地从无标记词序向有标记词序的转换。

上面讨论了固定性原则与无标记词序的关系，同时我们注意到了无标记词序可以转换成有标记词序。那么，有标记词序是怎样形成的？这些变化为什么会发生？它们受哪些因素的影响？下面，我们将讨论这些问题。

4.3 强调性原则与有标记词序

语言交际离不开具体的语言环境。在一定的语言环境下，为了准确地传递信息，进行有效的交际，词序必须围绕着突出信息来安排，即通过词序的适当排列，达到突出强调某种信息的目的。突出信息是强调的语义意图在组织信息中的具体表现。由于词序的安排要服从于强调的意图，这就决定在一定语境下人们必然要冲破固定性原则的束缚，而导致无标记词序的变化，形成有标记词序。如前所喻，旅行的目的地是强制性的，而交通工具是可选择的。所以强调的语义意图影响着词序的选择。所谓强调性原则就是围绕突出强调信息来适当地安排词序或调整词序的原则。强调性原则通常有三种，这些原则只是在使用语言的过程中才起影响词序的作用。因此，强调性原则不是强调性的，而是选择性的。

4.3.1 主位性前置原则

一句话（或话语）按信息不同可切分为主位和述位两个部分。主位即出现在句首的成分。主位又有无标记主位和有标记主位之分。无标记主位（unmarked theme）通常与按语法划分的主语是一致的，而有标记主位（marked theme）则指通常不出现在句首的成分。主位一般是已知信息，述位是新信息。主位对于有效地交际尤为重要，它是信息传递的出发点，能直接引起人们对信息的注意，同时起着联结上文的作用。主位性前置原则是指某些通常出现在述位的成分可移置句首，充当有标记主位，以达到突出强调某种信息的目的。这条原则可用下列公式表示：

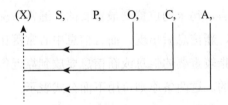

公式中的（X）表示有标记主位的位置，箭头"←"表示词序移动的方向。（注意：主语补语的前置还会形成CVS词序。）受这条原则的影响，在一定的语境下，句子成分主要是宾语、补语和状语可被移至句首，形成有标记词序。主位性前置具有信息突出、引人注目，并能为铺设下文、表现信息提供背景的作用（scene-setting role）（Leech et al，1982：189）。例如：

（5）*Many of these questions* a computer can answer easily.

（6）I am glad to see you free and trust that *free* you will long remain.（Charlotte Bronte）

(7) *Enclosed* you will find a letter. (Henry Sweet)

(8) *And always,* she was gone before he came. (D. H. Lawrence)

应该注意，书面语中被移至句首的成分一般是已知信息，即上文提到或暗示过的信息。所以主位性前置的作用主要是"在话语中强调与上文的联结"（Leech et al, 1982：126）。此外，主位性前置可通过两个结构意义上的对比来突出强调信息，这也是产生平行结构（parallelism）的重要因素。例如：

(9) The mother I could not avoid, but the son I can get away from. (Austen)

(10) In New York it is hot and humid during the summar. In Los Angeles it is hot and dry.

值得特别提出的是，主位性前置与主谓倒装、主语和功能词倒装有所不同。虽然它们都受语言性语境的影响，但后者与某些词或短语在句首的使用有着密切联系。例如：

(11) Here comes the bus.

(12) Under no circumstances must the switch be left on.

4.3.2 末端中心、末端重量原则

就信息的表现而言，句末的位置是最重要的。通常情况下，信息的表现规律是已知信息先出现，新信息后出现，而且信息中心常落在句子的末端。末端中心、末端重量原则指较重要的信息或新信息要放到靠近句末的位置，以达到有效地传递信息的目的。这两条原则可用下面公式表示：

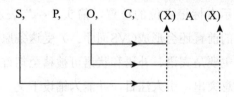

公式中（X）表示句子成分移至的位置，箭头"→"表示词序移动的方向。（如果宾语O的位置同时出现间接宾语和直接宾语，那么间接宾语可移至直接宾语后，前加to或for。）受这两条原则的影响，在一定语言环境下就会造

成句子成分后置的现象，形成有标记词序。后置具有新信息明确、句子重心突出的作用。后置的成分主要是主语和宾语。例如：

（13）It gives me the greatest pleasure *to hear you say that*.（It+P+S inf.）

（14）It doesn't matter *what you say*.（It+P+S clause）

（15）The twins told all their secrets *to Mother*.（S V Od A）

（16）I shall explain to you *the details of the whole plan*.（S V A Od）

（17）They pronounced guilty *everyone of the accused except the man who had raised the alarm*.（S V Co Od）

主语和宾语等的后置修饰语也可后移，与被修饰成分分离：

（18）The time had come *to decorate the house for Christmas*.

（19）You'll meet a man tomorrow *carrying a heavy parcel*.

上举各例说明，被后置的成分通常是新信息（如间接宾语），或含有较多的新信息（如较重或较复杂的成分）。所以，后置是通过把某个成分移至句尾作为新信息来加以突出强调。

此外，英语中还有一些词序的变化与末端中心和末端重量原则关系密切。

a. 基本结构转换成存在句结构

英语中的基本句式都可以转换成相应的存在句。存在句中的there是个"虚设主位"（empty theme），不输传什么信息，新信息主要是靠主语来输传的，而且这个主语处在信息中心的落脚点。所以，存在句在一定场合下能起到突出强调的效果。例如：

（20）（a）A girl is putting the kettle on.

（b）There is a *girl* putting the kettle on.

（21）（a）A terrible storm came.

（b）There came a terrible *storm*.

（22）（a）She has a great deal to be thankful for.

（b）There's a great *deal* for her to be thankful for.

b. 主动结构转换成被动结构

从信息表现的规律来看，被动句by短语中的"逻辑"主语处在末端中心的位置，比在主动句中更易于引起注意。所以，有时为了突出强调"施动者"或者把句子"重心"放在末端的位置上，就可以把主动句转换成被动句。例如：

（23）（a）Who makes these desks?

　　　（b）They're made by *John*.

（24）（a）The art and literature of the ancient world fascinated Mary.

　　　（b）Mary was fascinated by *the art and literature of the ancient world*.

c. 并列结构转换成从属结构

并列句给人的感觉是两个分句之间彼此同等重要。实际上有时一个并列句中的两部分有主次之分。这时，把这个并列结构转换成从属结构，用主句输传主要信息，从句输传次要信息，再通过词序的适当安排，亦可达到突出强调的目的。所以，英语从属结构中的圆周句（periodic sentence）受末端中心原则的影响。例如：

（25）（a）Kitty took all these threats in a serious light and began to cry.

　　　（b）Kitty, who took all these threats in a serious light, began to cry.

综上所述，英语具有无标记词序和有标记词序两种形式，这是固定性原则和强调性原则相互作用的结果。固定性原则是一条强制性原则，规定了词序安排所必须遵循的基本方式；强调性原则是一条选择性原则，确定了为有效地传递信息词序变化所应遵循的基本方式。固定性原则不受语境的制约，而强调性原则只在一定的语境下，即在语言使用的过程中，才起作用。两者之间相互联系、相互作用，形成了现代英语自身的词序特点。

4.4　结束语

任何一种语言的词序，都表现为语言成分按线性顺序排列的组合关系，我们在第1章中曾提到，根据系统功能语法理论，词序（order）表现的是语言成分之间的形式关系，而序列（sequence）则不同。相同的词序可表现为不同的序列，反之亦然。从本章我们所讨论的英语词序问题可以看出，无标记词序所表现的关系是语言成分之间的形式关系，而有标记词序所体现出来的关系则是结构与功能之间的关系，这与词序与序列之间的关系是一致的。所以，从语言的交际功能出发，分析英语的词序系统，有助于我们加深认识语言的语篇功能。

第五章
指示语的功能

5.0 引言

　　指示语是语用学研究的主要论题之一,其主要特征是其使用意义的不确定性,必须联系语境或交际情景才能理解。自从巴希莱尔(Bar-Hillel)(1954)首先提出把指示语作为语用学的研究对象后,语言学者虽然对指示语作了深入细致的研究和描写,但尚未对指示现象作出功能的解释。笔者认为"指示"本身是一种言语功能,指示语实质上具有传递与说话情景相联系的语用信息的功能,表现在交际情景的各个层面,可表达角色指示功能、时空指示功能、语篇指示功能、社交指示功能和情感指示功能。

5.1 角色指示功能

　　言语行为涉及交际的参与者,一般区分为说话人和听话人。就信息传递的过程而言,说话人角色是组织或传递信息,听话人角色是理解或接收信息,即构成信息的表达和理解的过程。说话人和听话人是言语行为的直接参与者。有时还会涉及另一种角色,即旁观者或第三方,是言语行为的非直接参与者。

　　言语行为的参与者是构成交际情景的重要成分之一(Leech,1983),所以,联系交际情景理解话语的意义,其中最重要的是对说话人和听话人角色给予解释。人称指示语(person deixis),主要包括人称代词,通常传递有关交际参与者角色的信息,为确认和解释交际参与者的角色提供了句法基础和可能。人称指示语的这种功能我们称之为角色指示功能。人称代词和言语参加者角色之间存在着相对应的认同关系和不对应的非认同关系。

认同关系指我们通过代词形式可判定所指称的参与者角色，通常按下面来理解：

I	说话人
You	听话人（单数）
he/she	第三方
we	包括说话人在内的一些人
you	包括听话人在内的一些人（复数）
they	第三方（复数）

非认同关系，恰恰相反，我们不能通过代词形式判定所指称的参与者角色。由于交际场合和交际目的的不同，参与者角色也随之变化，表现为人称代词所指的更变，形式上的说话人可能指实际上的听话人。所以，必须根据言语情景加以解释。例如：

（1）I'm always wrong and *you*'re always right!
　　（双方口角）

（2）Don't bother me. I hate to see *you*!
　　（指桑骂槐）

（3）*We* should not do that, Bob!
　　（间接批评）

（4）*We* hope that the book will be of great help to English teachers.
　　（表示自谦）

联系上面四句所给定的情景和说话意图，我们可确定（1）中的I和you的所指正好相反，分别指听话人和说话人；（2）中的you指第三方；（3）中的we指听话人；而（4）中的we则指说话人自身。由此可见，非认同关系的确定离不开具体的言语情景。

人称代词和参与者角色的认同关系与非认同关系，都表现为人称指示语的角色指示功能，可概括为两种所指：符指（symbolic reference）和意指（intended reference）。

列文森（Levinson）（1983）建议我们应建立独立的参与者角色语用体系。如区分发话者和发话源，受话者和发话目标，这方面本章不予讨论。

5.2 时空指示功能

言语行为不仅涉及交际的参与者，而且涉及言语事件发生的时间和地点，也就是说言语行为是在一定的时空条件下产生的。人类语言的特征之一，可用来表达不同时空的意义，即可用displaced speech表达现在、过去和将来所发生的事件。

时空的概念有两种解释：客观的时空和说话人的时空。前者是作为社会实在的时间和空间，要理解这方面的信息，必须确定说话人说话的时间和说话人在交际行为发生时所处的相对的空间位置。

时间指示语（time deixis）和地点指示语（place deixis）传递的就是有关说话人时空方面的信息，即具有时空指示功能。

时间指示包括时间副词，如now，then，today等；指示代词和时间单位构成的短语，如last Monday，this August，next year等；不同的时间表达法，如in a month，up to now，a week from today等。这些时间指示语所表示的时间，只有联系说话人的说话时刻或编码时间（coding time）才能确定。例如：

（5）He will come to see me *next Wednesday*.

如果说话人遵循周一作为一周起始的习惯，而说话时刻是周日，那么next Wednesday只指三天以后（下周三）；如果周日作为一周起始的时间，那么既可指三天以后，本周的周三，也可指十天以后，即下周的周三。

由于时间指示语和说话人之间的联系，使时间指示语在使用上具有与说话人说话时刻相联系的语用含义。例如，now表示包括说话时间在内的某一时间段，这一时间段，既可能是一瞬间，也可以是无尽的时间延续，也可能是到说话人说话时刻终止的时间段，如下面的例子所示：

（6）Pull the trigger *now*.

（7）I'm *now* working on my MA thesis.

（8）He's *now* come to see the problem.

此外，时态形式也是重要的时间指示成分，表现在通过不同的时态形式可确定说话时间和交际行为所发生的时间之间的关系。

地点指示包括那些能传递说话人、听话人在言语事件中所处相对位置信息的地点副词、方位词、指示代词等。

地点副词here和there是典型的地点指示语。here表示距说话人较近的位置（coding place），这个位置可能是一个点、一个面或一个较大的空间。例如：

（9）—Where are you? —*Here*!

（10）Are you playing *here* before I come back?

（11）I enjoy living *here* in Iowa City very much.

there表示距说话人较远的位置，还可表示听话人已知或未知的位置。例如：

（12）Put it *there*!

（13）Look! The hare is *there*.

here和there常常形成对比。假定把说话人和听话人看作是处在同一空间的两个点，那么，here的指向是朝着说话人，而there的指向是朝着听话人。

方位词的使用往往取决于说话人说话时刻所处的位置，因此对方位词的解释就必须考虑到说话人，看下面两个例子：

（14）The cat is down *there*.

（15）The cat is up *there*.

这两个例子说明所指对象相同，但说话人所处的位置不同：（14）表明说话人站在楼上往下看，（15）则表明说话人站在楼下往上看。由于说话人既可从自身所处位置的视角来观察事物，也可以周围事物为参照点观察事物，所以这些方位词的使用易引起歧义：

（16）Bob is the man to the *left* of Mark.

这句话既可理解为Bob处在说话人视角下的左边，也可能指实际处在Mark的左边。

指示代词this和that也具有地点指示功能，前者所指的相关位置距说话人较近（proximal），而后者较远（distal）。此外，某些运动动词如come和go，用在特定的语用条件下，也可传递有关说话人和听话人在言语事件中所处相关位置的信息。

5.3 语篇指示功能

人类的交际活动直接导致了语篇的产生。语篇是通过语法和篇章手段构建的，表现为形式上的有机交接和意义上的和谐连贯。

语篇指示语（discourse deixis）指那些在语篇中起交接和连贯作用的用语，具有建构整体语篇、传递交接和连贯信息的功能，即这里所说的语篇指示功能。语篇指示语大体可分为两种：一种在形式上起交接作用，一种在语义上起连贯作用。

起交接作用的语篇指示语，所指称的通常是整体语篇中的部分，是连接句际关系的纽带。像in the last paragraph，in the preceding section，in the following part，the former，the latter，以及指示代词this和that等这些用语都属于语篇指示语。这种交接作用，主要通过上指、下指、复指手段把语篇有机地连接起来。例如：

（17）*In the preceding section* we talked about the pre-positional verb and its use.

（18）*In the following episode* the story will reach its climax.

（19）Columbus reached the New World in 1492, but *this/that* did not convince anyone that the earth is round.

（20）OK, *this* will prove that Eks is irresponsible: when we were on a committee together, he fell asleep during every meeting that he managed to attend.

（21）Vera, is *she* coming down then?

上面例句的斜体部分说明，（17）和（19）是上指（anaphoric use），（18）和（20）表示下指（cataphoric use），而（21）则表示复指（topic-marking use）。正因为这些用语的作用，语篇才前呼后应，衔接顺畅。

起连贯作用的语篇指示语，不是指称整体语篇中的部分，而是指明句际之间的语义逻辑关系。这类语篇指示包括诸如therefore，in conclusion，to the contrary，however，anyway，besides等这些逻辑联系语，语法中称这些成分为联加语（conjuncts）。例如：

（22）I met him in the park, when, *however*, we had no time to speak.

（23）*Anyway*, do you know the answer?

（24）We offered to pay him and *therefore* he will help us.

语篇指示语应和语句中的连词如because，although等区别开来，前者是在语篇层面起语义连贯作用，而后者只限于句子内部的语义连接。应该指出，有些地点指示语（如here，there）和时间指示语（如next，last）也具有语篇指示功能。所以，关于语篇指示语能否作为一个指示层面而独立存在是有争议的（Gisa Rauh，1983）。

5.4　社交指示功能

交际参与者之间由于社会地位、性别、年龄等因素，决定了交际时他们对语言形式的选择是不同的。反过来，不同的语言形式也一定会反映出交际参与者之间的社会关系。这方面，社交指示语（social deixis）在交际中起着重要作用，具有传递有关说话人和听话人之间社会关系方面信息的功能。

社交指示语主要包括称谓语（addresses）和敬语（honorifics），社交指示功能主要是通过这些用语的使用实现的，反映在不同的语言层面。而在不同的语言中，表达的手段也有具体的差异。如汉语中的称谓方式、日语中的敬语体系，以及法语中人称代词tu和vous的使用，都反映出各自语言的特点。

英语中的某些称谓词、称谓方式以及礼节用语都具有社交指示功能。Mr，Mrs，Miss，Ms和sir这几种称谓语在社交场合常用。Mr用于称呼男性，Mrs称呼已婚的女性（某位先生的夫人或太太），Miss称呼未婚的女性，Ms用来称呼婚姻状况不明的女性。Sir是用于称呼男性的尊称，反映出说话人和听话人之间的社会距离（social distance）。

Jim，Mr. Chapson，Dr. Johnson，Professor Davies这几种称谓方式也反映出说话人和听话人之间的关系。第一种方式，即直接称呼对方的名字，在朋友、同事、师生、家庭成员间都可使用，反映出说话人和听话人之间的亲密关系。这与汉语的称谓方式形成鲜明的对照：称呼老师的名字是不礼貌的行为，称呼家庭成员中长辈的名字被视为不孝的行为。第二种方式，即用Mr等+姓来称呼对方。一般来说，这种称谓方式反映出说话人和听话人之间的社会距离，或是出于对对方礼貌。第三种方式，即用头衔+姓来称呼对方。这种称谓方式能真实反映出说话人和听话人之间的不平等的社会或上下级关系。

Hi，Hello，How are you? How do you do? See you，Goodbye，Bye-bye等礼节用语也具有社交指示功能。Hi和Hello通常用于熟人之间，在非正式场合使用，初次见面的双方心理上的距离会彼此拉近。How are you?常用于熟人之间，但具有中性特点。How do you do?用于双方初次见面的正式场合。See you一定用于熟人之间，Goodbye是中性用语，上下级之间，长辈、同辈之间，熟人或初交之间都可使用，但Bye-bye却能反映出使用双方之间关系的亲疏程度。

英语中没有区别说话人和听话人关系的人称代词，但祈使句和礼貌标记语可不同程度地表现出说话人和听话人的社会关系。例如：

（25）Shut the door!

（26）Shut the door, please.

（27）Would you shut the door, please?

（25）句常常清楚地反映出不平等的社会关系，如长辈对晚辈提出请求；（26）和（27）句是礼貌标记语。虽然对同辈或长辈出于礼貌或尊重都可使用，但是一定程度上仍能反映出不平等的社会关系，如晚辈对长辈提出请求。

5.5 情感指示功能

在言语行为中，说话人常常把主观情感的东西，附于言语行为中表现出来。我们把语言中能表达主观情感的用语或成分称作情感指示语（emotional deixis）。情感指示功能即具有传递说话人和听话人之间情感距离方面信息的功能。

情感指示的概念，首先是由雷柯芙（Lakoff）（1974）提出来的。由于这一现象涉及说话人主观的卷入，所以它能反映出说话人的态度、情绪、看法等。看下面的例子：

（28）Get *that* beaver out of the house.

（29）*This* old woman with *this* little koala on *this* silver leash really drives me mad.

从例句可看出，说话人的态度和情绪通过指示代词this和that明显地表现出来，但说话人的态度并非仅仅是由指示语所表达的，语调的作用不能不考虑。具体地说，this和that在此种情景中一定带有重音。所以，情感指示功能是语词和语调综合表达的。

英语中还有一些固定用语，如on earth，in the world，the devil，the hell等，也可传递说话人情感方面的信息。例如：

（30）What *on earth* do you mean by saying that?

（31）Who *the devil* is he?

这些固定用语表示的情感信息包括惊讶、反对等，说话人和听话人一般处在平等的关系上。而且这些用语可相互替代，使用在相同的条件，但the devil和the hell一般语气强硬，易引起对方的反感。

5.6 结束语

综上所述，指示现象是一种重要的言语功能，指示功能表现在交际情景的各个层面，这些层面构成了语言的指示系统。

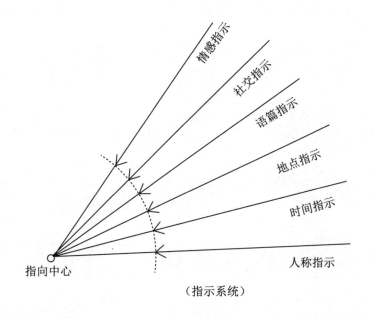

（指示系统）

在这个系统中，各个层面都和一个指向中心（center of orientation）有着直接或间接的联系，这个指向中心就是说话人。说话人所参与的言语行为过程，可看作是说话人以自我（ego）为中心角色，在自我的主观世界与非自我（non-ego）的客观世界之间建立起某种关系的过程：人称指示建构一种说话人自我和其他所指对象的关系；时间指示和地点指示分别建构说话时间和事件发生时间的时间关系，以及说话地点和其他相关位置的空间关系；语篇指示建构句际之间的形式和语义上的逻辑关系；社交指示建构说话人和听话人之间的人际关系；情感指示建构说话人心理世界和现实世界的关系。这就是指示现象的基本特征，表现出多层面的指示功能。

中 篇
语言的意义与使用

第一章
认知语言学的类典型论

1.0 引言

　　语义研究经历了训诂学、传统语义学、结构主义语义学三个阶段，取得了古文注释、词典编纂、词义分析等主要成就。但由于种种原因语义研究尚未建立起一个理论框架。作为语言学的分支，语义学尚未占据应有的地位，进展也比其它分支缓慢。以布龙菲尔德（Bloomfield）为代表的美国结构主义语言学家认为语义结构超越人类当时的认识水平，把语义研究划在语言研究范围之外。乔姆斯基（Chomsky）的早期生成语言学也排斥对语义的研究，在建立其语言理论模式过程中遇到了难以克服的障碍。凯兹（Katz）等解释语义学派试图建立一个逻辑严密的句子语义理论，但不久也偃旗息鼓，其投射论引来的批评多于赞同（Allen，1986）。到20世纪80年代为止，要说语义理论成就恐怕非语义场论莫属了。

　　然而80年代后期崛起的认知语言学针对场论的哲学基础提出了似非而是的问题。在1987年发表的两部专著（Lakoff，1987；Langacker，1987）以及随之而来的文章和专集中都可见到关于类典型理论（prototype theory）的论述或评论。类典型的提出者和倡导者从哲学、心理学、语言学等不同角度证伪以亚里士多德逻辑学为基础的传统语义范畴观。它不仅标示着西方当代语言学新趋向，也对哲学、心理学产生了不容忽视的影响。本章首先概述类典型论的提出、要点及有关类典型心理实际的研究结果，然后以语言的认知功能为着眼点，评析类典型论的理论价值。

1.1 类典型论的提出

1.1.1 结构主义语义分析的成败

结构主义语义学的成就主要见于场论和义素分析法。前者借用物理学的术语，后者借用音位学的分析方法。确定语义场的标准是义素（或称语义特征），分解词义也依据义素。判定一个词是否属于某个义场（即语义范畴）就看它是否具备该义场的义素。如果[有翅膀][有羽毛][能飞][孵卵]是确定鸟类这一义场必备且充分的义素，那么任何一个以具备这些特征的动物为指称对象的词都可列入"鸟"这个语义场。在总的义场内再依不同种类所具备的特征划分若干子义场。词义分析是把整个词义分解为义素。在同一义场内词与词之间存在上、下义关系。下义词的义素多于上义词的义素。

这种语义分析法比起传统语义学无疑是一大进步。由于它的应用，词义不再被当作一个囫囵的整体，而被视为可以分解的集合。它的应用也为分析词与词之间的语义关系以至于某些句内、句际语义关系提供了方便。这在许多语义学著述中都有详细介绍，无需赘言。

语义场理论是以二元划分为基础的语义理论。某一个词或属于或不属于某一义场，绝没有第三种可能存在。再以"鸟"义场为例，我们自然会把鸽子、燕子、麻雀、乌鸦等划入这一语义范畴，因为它们都具备上述四种"必要"的特征。然而，遇到"鸵鸟"、"企鹅"、"鸭嘴兽"、"蝙蝠"这些词应当如何处理呢？鸵鸟有羽毛、有翅膀、孵卵，但不具备[能飞]这一特征，按理不该列入"鸟"义场，可是又与常识不符。如果凭常识把"鸵鸟"和"企鹅"划入"鸟"义场，那么[能飞]是不是"必要"特征之一？说到这就可见场论的理论瑕疵了。

1.1.2 两种对立的语义范畴观

语义场理论的哲学渊源是柏拉图的唯理主义（Givon，1980）。高度理想化的二元划分方法排斥中间状态。持这种观点者认为语义范畴是非连续的，范畴的边缘是清楚的。某一认识对象或属于或不属于一个范畴，不存在程度的问题。这种语义范畴观可图示如下：

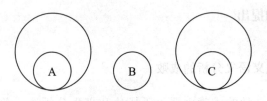

图1 传统语义范畴观

实用主义哲学家们（如Wittgenstein）认为高度理想化、抽象化的认识方法不可能全面反映客观实际。他们认为范畴的边缘是模糊的。某一认识对象可能完全成为一个范畴的成员，另一个认识对象可能部分地划在该范畴之内。甲范畴成员与乙范畴成员之间可以有共性特征存在。因此，范畴可以构成连续体。这种范畴观可简略地图示为：

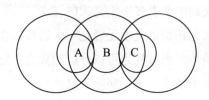

图2 模糊语义范畴观

1.1.3 类典型论

如上所述，传统语义范畴观认为：范畴是边缘清楚的实体；依据该范畴的必要且充分的特征便可判定某认识对象是否属于该范畴；范畴的所有成员都同等地具备其特征。这种语义范畴观普遍存在于哲学、心理学、语言学、人类学等领域。挑战首先来自认知心理学。20世纪70年代中期美国加州大学伯克利分校的罗石（Rosch）及合作者发表了系列文章，以大量实验结果为据论证上述语义范畴观的局限，首先提出了类典型论。不久它便成为认知语言学的一块理论基石。80年代后期认知语言学专著和文集相继问世，并有评论文章紧随其后（Lehmann, 1988; Langacker, 1988; Geeraerts, 1989; Nuyts, 1993）。由此可见其势。

虽然不同的著述对类典型理论的表述不尽一致，但对语义范畴已达成了以下几点共识：

（1）语义范畴不能以一套必要且充分的特征来界定；

（2）语义范畴呈现出放射性链状结构；

（3）语义范畴的成员之间有程度差异；

（4）语义范畴的边缘模糊。

　　这四点都与传统语义范畴观相悖。（2）与（4）与模糊语义学的观点相通。（3）揭示了范畴内成员之间的关系，有其独到之处。类典型论承认范畴和模糊现象同时存在，强调范畴的成员并非齐整如一。传统语义范畴观（T）强调范畴的闭合性；模糊语义范畴观（F）揭示了范畴的开放性；类典型论（P）同时揭示了范畴的向心性和开放性。从范畴成员的分布状态来看，三者之间的差别便可一目了然。

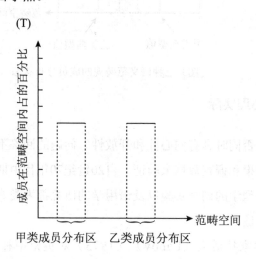

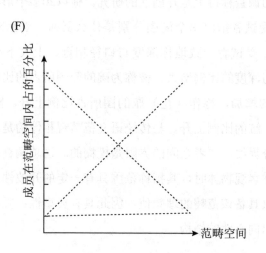

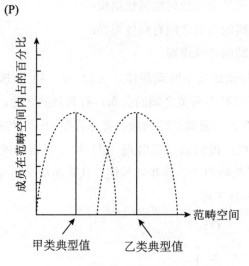

图3 三种语义范畴观的成员分布状态

1.2 类典型的心理实际

语义范畴是否同时具有向心性和开放性？问题的回答不仅需要哲学思辨而且更需要实验结果和调查数据来验证。自20世纪70年代中期以来社会语言学、人类学、实验心理学的调查实验以及语用学的研究都为类典型的心理实际提供了令人信服的佐证。

社会语言学家拉博夫（Labov）（1973）对英语中杯、（茶）缸、碗、（花）瓶分类的调查称得上是开创性的研究。他以20多个形状各异的简图进行问答调查，让受试者指出每个简图分别是什么器皿，然后对记录进行数据分析。结果显示，受试者一致地称深度与口径相近、上大下小、带把的器皿为杯。随着口径与深度的比例增大，被称为碗的简图所占的比例也随之上升。同样，随着深度的增加，称作（花）瓶的图所占比例上升。随着上下端口径趋近，称作（茶）缸的比例上升。与传统语义范畴观相悖的是，调查结果未呈现出杯碗之间的分界线，二者之间的界限是模糊的。这项调查的结果说明：人们用语言符号指称客观物体时，其指称范围具有一定的开放性。在同一语义范畴内有的指称对象具备该范畴的理想值，因此具有典型性；类典型的客观存在使语义范畴呈现出向心性的结构。

心理学家罗石（1975）进行了一项范围更广、更系统的实验。她在200名美国大学生中进行调查，让受试者判断认识对象在何等程度上可视为某范畴的典型成员。她选择了十个类别——家具、水果、车辆、武器、蔬菜、工具、鸟、体育活动、玩具和服装。以家具的调查为例，她要求受试者对69种家具的调查作出等级（共设七级）判断。统计结果表明，在69种家具中椅子居首，电话为尾。散在两者之间的有桌子、床、书架、镜子、电视和电扇等。认知语言学家们认为这项研究具有重要意义。按着传统语义范畴观，"在何等程度上属于该范畴"这个问题本身是不成立的。然而，罗石的研究不仅表明范畴成员的程度差异不是无意义的问题，而且证明了类典型确有心理实际。

再从语用研究结果来看。人们在日常交谈中经常使用模糊限制语（Hedges）来扩展或收缩范畴的界限。雷柯夫（Lakoff）（1973）列举了英语中近60个这类表达式。选口语中三个最常用的为例：

（1）*Loosely speaking, a sparrow is a bird.

（2）Strictly speaking, a bat is not a bird.

（3）Loosely speaking, a whale is a fish.

（4）Strictly speaking, a whale is not a fish but a mammal.

（5）*Loosely speaking, a sheep is a fish.

（6）*Strictly speaking, a sheep is not a fish.

（7）*Strictly speaking, a sheep and a fish are both vertebrates.

（8）—Are you a linguist? —Sort of.

句（1）说明，麻雀属于该范畴的典型成员之一，没有必要用模糊限制语扩展范畴界限来包括它。句（2）表明，说话人收缩了范畴边界以将蝙蝠排除在外，尽管它具备若干鸟类特征。句（3）扩展了范畴界限把鲸划在鱼的范畴内，同时标示出它是非典型成员。句（4）又将鲸划在该范畴之外归到哺乳动物范畴之内。句（5）、（6）都不成立，因为羊不沾鱼范畴的边缘，既不可扩入也没有必要排除。句（7）也不成立。因为鱼和羊都是有脊椎动物范畴内的成员。句（8）中的答语是一种自谦的表达方式，既承认自己是语言学家又表示自己不太够格。这就把自己列为语言学家范畴内的非典型成员。以上几例说明，在言语交际中说话人常有意地用模糊限制语来主观划定语义范畴的范围。

但是模糊限制语的使用是有限度的,只有在谈论处于类边缘的认识对象时方可使用。这一语用事实也证明语义范畴具有向心和开放的二重性。

1.3 语义·认知·类典型论

进入20世纪90年代,类典型论在美国语言学界的影响渐渐扩大。刚刚接触,每个从事语言研究的人都会提出这样的问题:在人类尚未解开"黑匣子"之谜的今天,何以见得类典型论是科学的理论?类典型既是语义问题又是认知问题。问题的回答也只能从两个方面来谈起,而且不可避免地要涉及语义与认知之间的关系。

1.3.1 语义关系与类典型论

语言是音、义结合的符号系统。语义是这个符号系统与外部世界(物质的、社会的、精神的)接触的层面。在语义系统中存在两种复杂的关系:一是符号与其指称对象的关系,二是符号与符号之间的概念联系。前者属于人认识世界的符号化过程,后者属于人脑处理语言信息的范畴化过程。一个词符的指称对象可能是唯一的(如绝大多数专有名词),也可能不是唯一的(如"桌子"、"树木"等普通名词)。当一个词符的指称对象不是一个或数个而是一类事物时它就代表一个语义范畴(如"桌子"可指书桌、饭桌、木桌、石桌、方桌、圆桌、八仙桌等)。

如何认识这两种语义关系?传统的语义观认为:语言符号的指称意义只是对客观世界的如实记载;语义范畴只是自然范畴的翻版;人脑的作用莫过于一面镜子的作用。雷柯夫等认知语言学家试图证明这种2000年来的客观主义语义观是不全面的。他们认为在吸收客观主义合理成分(客观世界确实存在;人类的知识来源于对它的认识)的同时应与客观主义哲学分道扬镳。指称意义不是符号对客观世界的简单记载。认识语义的实质不能排除符号使用者的认知能力和经验。雷柯夫引用生物学的分类理论来说明,范畴化并不是自然类别的简单复写。尤其在社会文化领域,词符的指称意义根本不可能独立于人的意识而存在。"树木"和"岩石"的指称对象可独立存在于客观世界,但"母亲"和"政府"则不同。语义范畴构成人的概念系统。这个概念系统的形成离不开人的主观能动性。指称意义涉及符号、指称对象、人脑三者之间的关系。在这中间人脑的作用远超过一面镜子的作用。

类典型论对两种语义关系的解释不排除符号使用者的因素。语义层是连续的外部世界与非连续的语言符号相结合的层面。这种结合是在人的认知过程中实现的（见1.3.2.1）。连续与非连续的对应就不可能是一对一的关系，这种关系的建立离开人脑的主观能动作用是根本不可能的。从历时的角度看，外部世界的变迁和词符的相对稳定决定了指称范围的开放性。拉博夫的调查结果证明了"杯子"等词符的指称范围随着器皿的形状变化而扩大，以至于出现边缘模糊的语义现象。除此之外，杯子的材料在变（石、木、金属、玻璃、塑料及其它合成材料），杯子盛的液体种类也在随着饮料业的发展不断增加。然而所有这些变化未能（也不必要）改变"杯子"这个词符，只是扩大了其指称范围，否则词符的数量就会无限增大。这有限的符号与无限的世界之间的对应关系离开人脑的主观能动作用是建立不起来的。

从共时的角度看，范畴化是人脑在将大千世界符号化后进行的信息分类，以便于储存和提取。范畴化是认知的重要组成部分。儿童从咿呀学语阶段开始就在用语言符号划分周围的世界。儿童语言习得过程中出现的语义泛化（overextension）现象说明，在某一特定阶段儿童就是以所掌握的有限词符来划分他所认识的世界。不仅初级认知活动如此，更复杂的认知活动也基于一定的范畴化。中国古代哲人们的阴阳五行说就是对世界的一种范畴化模式，代表着当时的认知水平。中国春秋时代把一年划为春、秋两季，这也是一个很明显的例证。无论是儿童还是哲学家，范畴化都是人脑利用符号系统来将混杂的世界转化为有序信息的过程。因此从本质上说，语义范畴是人脑加工出来的产品。类典型论的提出加深了人们对语义范畴的认识。

1.3.2 认知层次与类典型论

心理学家把人的认知分为三个层次：第一层次为感知（perception），指的是人的感官将周围的一切转化为信息传到大脑中枢；第二个层次为概念（conception），指人脑将感觉到的信息进行分类和概括；第三个层次为推理，在这个层次上人脑完成命题判断、归纳、演绎、运算等更复杂的思维活动。第一个层次的认知活动不需借助语言符号即可完成。每天通过视、听、触、味、嗅觉感受到大量信息，其中相当一部分未经第二层次的加工处理而消失掉。日常生活中人们常说"有那么一种说不出的感觉"，这是尚未符号化的信息，它只能"体味"，无法言传。第二、三两个层次的认知活动不借助语言符号，就无法进行。没有语言符号，就没有概念，就无法将感知信息进行概括和分类。没有概念，判断、归纳、演绎、运算等就有如"无米之炊"，这已是常识，不必赘言。这里要探讨的问题是：从三个认知层次来看，类典型论揭示了哪些传统语义理论未能揭示的认知规律？

1.3.2.1 无序与有序

从感知上升到概念，语言符号是不可缺少的认知工具。语言的概念功能（ideational function）就在于以有序的符号系统来承载无序的世界。把连续的、浑然一体的大千世界通过符号转化为有序的信息，这是认知的重要组成部分。这种从无序到有序的转化过程就是范畴化。没有范畴，就不可能有记忆。没有范畴人类社会就不可能井然有序。没有范畴，人类的许多活动就无法进行（医生无法诊断、治疗疾病，法官无法判决，裁判无法评分，教师无法授课，工人无法生产……）。然而有序并不排除有模糊存在。感知的信息是无限的，语言符号是有限的。外部世界是连续的，语言符号是非连续的。以有限的、非连续的符号承载无限的、连续的外部世界，这是语义范畴边缘不清的根本原因。范畴化是在感知的基础上完成的。由于类典型集中了感知到的并符号化了的信息，它们就成了范畴的代表，表现出语义范畴的向心性。范畴化涉及感知和概念两个认知层次。感知的信息是无序的，概念化的信息是有序的。因此可以说，类典型论解决了无序与有序、语义清楚与语义模糊两对矛盾。

1.3.2.2 逻辑推理与类比推理

逻辑推理采取归纳和演绎两种方式。前者以概念为基础，是从个别到一般的概括。后者是以范畴之间的联系为基础进行的推导。从场内语义网络来看，二者都是语义网络系统内的纵向推理。

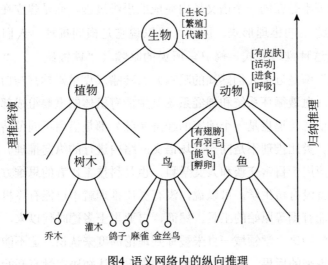

图4 语义网络内的纵向推理

亚里士多德的三段论就是以范畴联系为基础的纵向推理。

(9) 有的鸟都是动物。麻雀是鸟。所以麻雀是动物。

这个推论的大、小前提都是建立在上、下义关系基础上的。两对上、下义关系成立,所以结论是正确的。推论所完成的思维过程是跳跃了一个语义网络结点,把两个不直接连接的结点连系起来了。归纳推理的过程是从个别到一般的概括。人们在观察到鸽子、麻雀、金丝鸟等的特征后就形成了鸟会飞、有翅膀、有羽毛、孵卵这一结论。这也是一种语义网络内的纵向推理过程。由于归纳推理得出的结论取决于观察的范围,其可靠性只能是相对的。如果以归纳推理的结论作为演绎推理的前提就有可能导致错误的结论。如:

(10) 所有的鸟都会飞。鸵鸟是鸟。所以鸵鸟一定会飞。

这个推理的结论显然与常识不符。传统的语义范畴观无视范畴内成员之间的程度差异,这就导致了逻辑上的难题。[能飞]这一特征如果不视为必要特征,绝大多数鸟的特征就被排除了。如果视其为必要的特征之一,那么鸵鸟、企鹅等又将被排除在鸟类之外。类典型论的解释是:[能飞]是鸟类典型成员具备的特征之一;鸵鸟不能飞,但它具备其它鸟类特征,它是鸟类的非典型成员。类典型论正视范畴成员之间的程度差异,解决了上述进退维谷的逻辑难题。

类比推理不是在同一个语义场内完成的思维过程，而是建立在不同范畴之间的相似点之上的推理形式。因此，可以说它是横向推理。人们在日常生活中经常使用这种推理方式。修辞学所说的暗喻（"铁饭碗"、"大锅饭"、"瓶颈现象"都是近来人们熟知的暗喻）、转喻（克里姆林宫与白宫之间的游戏）、类推（血液循环系统和神经系统是生命有机体的重要组成部分；同样，交通运输和信息传递也是一个国家的经济命脉）都是借用不同范畴之间的联系进行的推理。类比推理不是同一义场语义网络内进行的纵向推理。这种横向推理不仅广泛应用于日常交谈和人文学科，也是科技工作者的思维方式之一。没有类比推理就没有仿生学。可以说，没有类比推理就不可能有飞机和计算机，甚至也不可能有锯等原始的工具。然而，自亚里士多德时代以来，类比推理在哲学、心理学和语言学领域一直未被提到理论高度来认识。这不能不说是传统语义范畴观带来的后果。随着类典型论的提出，认知语言学家开始重视对类比推理的研究（Lakoff and Johnson, 1980; Taylor, 1989），这应视为语义学乃至认知科学的新进展。

1.4 认知能力与概念系统

上文提到，语言符号在第二、三认知层次上发挥作用。第二层次上人脑完成的任务是将感知到的信息符号化、范畴化。随着儿童生理发育和语言习得，一套概念系统也逐渐形成。如此说来，操不同母语的人不是概念系统也不同了吗？如果回答是肯定的，那么不同文化背景的人们怎么进行交际？翻译怎么可能？这就又回到了颇有争议的沃尔夫假说，被乔姆斯基等的普遍语法理论遮掩了三十年的问题又被翻了出来。

问题的重新提出就意味着对原有答案的否定。普遍语法理论认为，儿童呱呱降世之时大脑中就已装有所有文化中都存在的概念。儿童习得了某种母语，只是因为他/她的那部分概念受到了周围环境的激发。雷柯夫等认为这种近乎天方夜谭的解释难以令人信服。

认知语言学家对问题的回答是：操不同母语的人的概念系统不同，但人类的认知能力相同。语言之间互译是困难的，但是可能的。困难在于语言符号系统之间的对应，可能性存在是因为相同的认知能力使得理解成为可能。相同的认知能力是人相同的生理机制所决定的；不同的概念系统是在后天的生活经验中形成的。人们的社会文化背景不同，形成的概念系统也就不同，即人们的社会存在决定人们的意识。就类典型来说，即使相似文化之间也显示出概念系统上的差异。德文（Dirven）（见Talor，1989）采用了罗石关于典型家具的调查方式，让母语为德语的学生写出典型家具。所得到的结果与罗石所得到的结果不尽一致，排在前两位的典型不是椅子和沙发而是床和桌子。这个差异说明，类典型虽然在不同文化中普遍存在，但何为典型的概念是不同的。再以亲属词为例。一般说来，汉语为母语的人视叔叔、姑姑、堂兄弟姐妹亲于舅舅、姨姨、表兄弟姐妹。这种差异在英语为母语的人看来是不存在的。由于汉语中有了这些词，人们对其表达的关系也较敏感。与英美人交谈时我们常感到对方用uncle，aunt，cousin等词时没有提供充分的信息。凯（Kay）和肯普顿（Kempton）（1984）关于颜色识别的实验结果也说明了语言文化对概念系统的制约。

认知能力与概念系统的区分在认识语言与思维、语言与文化等复杂关系问题上开辟了新的途径。顺着它，探索者至少不会再坠入语言决定论（linguistic determinism）的死胡同，也不会再坠入纯臆想的深渊。它既承认先天生物机制为人类认知能力的基础，又不否认后天经验在概念系统形成过程中的作用。

1.5 结束语

本章概述了类典型论的提出、主要观点及有关类典型心理实际的研究结果，对比分析了这一新的语义范畴观与传统语义范畴观的差异，从语义关系和认知层次两个角度论证了它的独到之处。在人类认识语言及其自身的漫漫曲途中，这一语义理论很可能成为一块新的里程碑。它产生于心理学领域，成熟于语言学领域，但其理论意义或许不止限于对语言本质的认识。如果说传统的语义范畴观给人们带来的是绝对化的认识方法，使人们惯于把事物两极化，那么或许类典型论可以帮助人们纠正这种思维偏差，引导人们正确认识异同，进而存异求同。

肯定类典型论不等于说它已完美无缺。其倡导者否认"必要且充分的特征"作为判定范畴成员的标准，但未对语义特征作直接论述。如果抛开"必要且充分"，语义特征是不是判定范畴成员的标准？假如回答是否定的，那么受试者是凭什么判断某一认识对象为典型的？假如回答是肯定的，那么具备多少特征才称得上是类典型？典型与非典型之间有没有界限？这些问题都有待于进一步探讨。不过这已不是本章的篇幅内所能完成的，也不是作者现有认识水平所能做到的了。

第二章
有定意义和无定意义
——英语冠词的使用

2.0 引言

从语用学角度来看,有定意义和无定意义与说话人和听话人的共知信息密切相关。使用定冠词the时,说话人假定听话人知道所谈及的对象,或说话人和听话人双方凭借一定的语言情景或共有的一般知识可确定的事物;而使用不定冠词a(n)时,情况恰好相反,所指对象说话人假定听话人是不知道或不熟悉的,或不包括在双方的共知范围内。所以,意义的有定与无定应联系说话人和听话人等语用因素对冠词的使用给予描写和解释。

2.1 不同语境下的语用对比

2.1.1 定冠词的用法

定冠词通常表示有定意义,也就是说指称语(referring expression)和所指对象(referent)之间的关系是可确定的。主要使用在下列情景:

2.1.1.1 指上下文

上文,即话语链中前面出现过的成分。指上文就是指前面提到过或所谈及的事物,通常称上指(anaphoric reference)[1]。例如:

---

[1] 有人把这一术语译为后指或回指。作者认为译为"上指"更为贴切,同cataphoric reference相对,不易产生误解。

（1）a. Fred was discussing an interesting book in his class.

b. I went to discuss *the book* afterwards.

在（1）中，the book直接指说话人前面提到的an interesting book。有时上指是间接的，即非直接地指前面提到的事物：

（2）The man drove past our house in a car. *The dog* was barking furiously.

（2）中的a car和the dog之间没有直接的关系，但存在着间接的联系。听话人靠事物之间的联系和一般知识可确定"狗"和前面提到过的"车"之间的联系。所以，这类间接性的所指又可称联想上指（associate anaphoric reference）。

下文，即话语链中后面出现的成分。指下文就是指后面提到或谈及的事物，通常称下指（cataphoric reference）。下指的事物跟后置修饰语有同一关系。例如：

（3）John returned *the radio he bought yesterday*.

（4）*The wines which France produces* are the best in the world.

2.1.1.2 情景指

情景指（situational reference）包括直接的情景和非直接的情景。直接的情景可理解为交际时说话人和听话人所处的环境，如不同的场景、地点等。听话人在这种情景中可能不知道或看不到所指对象，但靠有关所指对象的具体知识便可推断出指的是什么。例如：

（5）Harry, mind *the table* when you come in.

（6）Could you close *the gate* for me?

非直接的情景指交际的场合一般不与所谈及的事物有直接的联系，或交际双方未处在所指对象的环境中。比如同一校园内的两个学生可谈论他们家乡的情况，在美国的中国学生可谈论国内发生的情况，等等。这种情景下，听话人要联系广阔的背景，主要靠有关所指对象的一般知识来理解。例如：

（7）I didn't expect *the church* would be so quiet.

（8）*The Prime Minister* has just resigned.

如果说话人和听话人同住在一个小镇，听话人靠一般知识可确定the church指的是这个镇里的教堂；如果一个美国人跟英国人交谈，这位英国人靠一般知识一定会理解the Prime Minister是指英国的首相。

2.1.2 不定冠词的用法

不定冠词通常表示无定意义。但大量的语言事实表明，不定冠词的所指既可能是无定的，也可以是有定的，而且还有非指称用法。

2.1.2.1 指双方未知的事物

交际中，说话人和听话人对所谈及的事物不熟悉或不了解，这时表示无定意义。例如：

（9）We were told to go into *an office* where *an officer* would arrange place for us to stay.

（10）John said *a young woman* got *a car accident*.

一般说来，不定冠词表示无定意义时，说话人往往是转述或转引某一事件。实际上，事件的直接参与者是第三方，所以说话人和听话人都不知道所谈及的事物。不定冠词的这种用法还能起到引进一个话题或事件的作用，与定冠词的所指形成鲜明对比。例如：

（11）China Daily says that *an intruder* has stolen *a vase*. The intruder stole the vase from *a blocked case*. The case was smashed open.

2.1.2.2 指对方未知的事物

所指对象就说话人而言是已知的，但对于听话人来说却是未知的。这时对于前者所指是有定的，而对于后者则是无定的。例如：

（12）I went by *a house*. Suddenly *a dog* began barking.

（13）There is *a horse* in the field.

这种情况下，说话人一般是事件的直接参与者，或是事物的目击者、旁观者。所以，说话人实际上知道或了解所谈及的事物，但听话人正与此相反。显然，不定冠词的使用说话人是以假定听话人不知道所指对象为前提的。

有时，听话人靠语境和事物之间的联系可推断出所指对象，这时所指是有定的；如果推断不出来，那么所指便是无定的了。例如：

（14）I've decided to inspect a house. I decided not to buy it because *a window* was loose.

（15）Fred bought *a book* from Heffer's. He then went and spoke to *an author* about it.

在（14）中，a house和a window之间存在着内在的联系，听话人可确定是这幢房子的窗户之一。所以，a window的所指是有定的；在（15）中，听话人靠语境可推断出a book和author之间不存在逻辑上的联系，即这位作者不是那本书的作者，所以an author的所指是无定的。

2.1.2.3 非指称用法

不定冠词有时不是用来指称事物，而起描述作用，即具有非指称（nonreferring）功能。这种用法常见于带有限定修饰的补语结构（Quirk et al., 1985: 273）。例如：

（16）Newton was *a great scientist.*

（17）We found Beijing *a delightful city.*

（18）What *a miserable life* (it is)!

有时还常用来指事实上不存在的或心中的事物：

（19）I want to raise him as a *Christian.*

（20）She wants to marry *a millionaire.*

2.2 相同语境下的语用差异

冠词和不定冠词常出现在同一语言环境，也就是说使用定冠词的场合也可使用不定冠词，反之亦然。既然两种形式可出现在完全相同的条件，所以它们的区别不是结构上的，而是语用上的差异。下面是几种常见的情况。

2.2.1 带有后置修饰结构

名词中心词（head noun）常带有后置修饰结构（介词短语、关系从句等），这时一般要求用定冠词，表示下指。但不定冠词也使用在相同条件下。例如：

（21） a. *A horse on the corner* is for sale.

b. *The horse on the corner* is for sale.

（22） a. —What's wrong with Mary?

—Oh, *a man she went out with last night* was nasty to her.

b. —What's wrong with Mary?

—Oh, *the man she went out with last night* was nasty to her.

（23） a. John has just bought *a dog which is bigger than the one I've got.*

b. John has just bought *the dog which is bigger than the one I've got.*

从上面这些例子看出，使用定冠词时，说话人假定听话人知道指的是什么，即传递的是共知信息，而使用不定冠词时，说话人意在向听话人传递一个新信息。显然，对于说话人来说所指是有定的，而对于听话人来说则是无定的。

2.2.2 用于最高级

形容词的最高级前似乎用定冠词才符合语法，实际上不定冠词也常使用。例如：

（24） a. Harry is *a most intelligent professor.*

b. Harry is *the most intelligent professor.*

（25） I was reading *the most interesting article* in the paper this morning, but when I returned the page I read *an even more fascinating article.*

观察上面的例子，定冠词和不定冠词都可反映出说话人的主观评价或态度，定冠词具有"独一无二"（uniqueness）的含义，不定冠词表示"极其"或"很大程度"上的含义（Hawkins, 1991）。此种情况下，冠词兼有指称和描述的作用。这一点从下面的例子中更清楚地表现出来：

（26） I'm sure there is a shortest distance between two points.

2.2.3 跟序数词连用

序数词前一般使用定冠词,但不定冠词的使用也并非少见。使用前者,说话人表示事件、行为发生的时间顺序(time order),而使用后者,则强调发生的行为顺序(action order)。例如:

(27) a. In 1938 John came to China for *the second time*.
b. In 1938 John came to China *a second time*.

正因为两者之间的差异,所以不会出现(for)a first time 的形式。下面的例子只能用不定冠词形式,进一步说明不定冠词强调动作的连续性:

(28) I didn't hear you. Say it a second time.

冠词跟序数词连用时,也不具有指称功能,因此,不存在所指的有定和无定问题。

2.2.4 跟专有名词连用

专有名词可转化为普通名词,其标记是专有名词前使用冠词。使用定冠词时往往是说话人为了避免歧义,防止混淆,而使用不定冠词时暗示出说话人对所指对象只知其名,不知其人。例如:

(29) The prize was given by *the Dr. Robertson* (who works in your office).

(30) The prize was given by *a Dr. Robertson* (a person you won't have heard of).

上述使用不定冠词的情况,常被认为是语法中的例外(exceptions),实际上不是什么例外,而是受语用因素制约的结果罢了。

2.3 冠词和名词复数形式/指示代词的语用差异

2.3.1 冠词和名词复数形式

定冠词、不定冠词和可数名词复数形式都可表示类指(generic reference)[1],即指一类事物的整体。对类指的理解,说话人和听话人要凭借共

---

[1] 不可数名词零冠词形式也可表示类指。例如 Water is indispensable in human life.

有的一般知识。例如：

(31) a. *A lion* is a noble beast.
b. *The lion* is a noble beast.
c. *Lions* are noble beasts.

上面三个例子都表示类指，这时指称语的单复数形式失去了原有的意义，因而也无有定和无定意义之分了（Leech，1975：74）。虽然上面三种形式理论上都可表示类指，但在使用上仍存在着差别。我们可以说：

(32) a. The lion is numerous in these parts.
b. Lions are numerous in these parts.

但我们不可以说：

(33) *A lion is numerous in these parts.

为什么不定冠词在某种语境下不能用来表示类指？这与话语中某些词的语义因素有关。(33)中numerous的语义决定了a lion在这种语境下是不成立的，因为a的规约意义和numerous的意义是相互排斥的（都含有"量"的语义成分）。如果改换dangerous就可接受：

(34) *A lion is dangerous* in these parts.

即使没有语义因素的限制，有时不定冠词形式也不被采用或避免使用。例如：

(35) ?*A book* is the source of knowledge.
(36) She is studying *an elephant*.

(35)句无疑是合乎语法的，但它的可接受性的程度要比使用books形式小得多。(36)句既合乎语法又可接受，但它指的是研究大象这类动物还是其中的某一种，易产生歧义。

由此看来，不定冠词表示类指是受语用条件限制的，这里存在着对上述三种形式的优先选择问题。我们假定这三种形式按优先选择可排列为下列顺序：

可数名词复数形式——定冠词形式——不定冠词形式。

这种排列顺序说明，说话人使用三种形式的把握程度依次减小。这方面有待进一步研究。

2.3.2 定冠词the和指示代词this/that

指示代词this/that表示有定意义，与定冠词the具有相似特征，而且从英语历史发展的渊源看，the是this/that的弱读形式。然而，从语用上考察，它们之间存在着很大差别。使用指示代词时，说话人意在明确限定所指对象，使听话人理解指的是什么，因而可消除歧义（disambiguity）。例如：

（37）a. The present reviewer dislikes *the book*.
　　　b. The present reviewer dislikes *this book*.
　　　c. The present reviewer dislikes *that book*.

假定上面三句都与谈话中的某一本书有关，b、c两句显然比a句的所指更加明确，因为听话人不会再提出What? Which book? 这类问题。更重要的差别是，指示代词this/that常使用在视觉情景，对所指事物的可见性（visibility）非常敏感（Hawkins, 1978）。例如：

（38）a. Pass me *the bucket*.
　　　b. Pass me *this bucket*.
　　　c. Pass me *that bucket*.

虽然the也可用于可见到的事物的情景，但在同样场合说话人更倾向于使用this/that。打个比方，两个同寝同学回到黑暗的寝室，前面的同学很大程度上选择（39）a，而不是（39）B：

（39）a. Harry, mind the table!
　　　b. Harry, mind that table!

因为他们彼此知道室内有个桌子，可能桌子上放着暖水瓶。这时说话人意在提醒听话人注意，而听话人则通过直接的语言情景便可知the table指的是寝室内的桌子。假如在这种情况下说话人选择了（39）b，听话人反而会不知所云。这个例子从反面说明this/that更易于用来指可见到的事物。

2.4 结束语

综上所述，我们联系说话人、听话人等语用因素讨论了有定意义和无定意义与冠词的使用之间的联系。对英语冠词作这样的语用描写，不仅是为了探究语用和语法的关系，而且对英语教学颇有实用价值。

第三章
语用学的形成、确立及其发展

3.0 引言

语用学自产生到现在已经历了近六十个年头,但从它作为一门新兴学科得到确认算起还未经过而立之年。确切地说,语用学是20世纪70年代以后才发展起来的。现在,语用学已成为语言研究的重心,是语言科学中一个富有生气的领域。因此,有必要通过回顾它所走过的路程,再现它的产生、确立和发展的成长史。

3.1 30—60年代:形成时期

语用学渊源于哲学家对于语言的探索。20世纪30年代,在西方逻辑实证论的哲学流派中形成了一股语言哲学思潮,哲学家把研究重心转移到人类所使用的符号媒介上,开始了富有哲学意义的语言研究。这派哲学家的观点后来发展成为符号学。符号学理论首先是由美国哲学家皮尔斯(C. Peirce)提出来的,后来另一位美国哲学家查尔斯·莫里斯(C. Morris)对皮尔斯的符号学理论作了解释[1]。在《符号学理论基础》(1938)一书中,莫里斯提出了符号学三分说:句法学、语义学和语用学。他把句法学解释为研究"符号与符号之间的形式关系",语义学研究"符号与符号所指对象的关系",语用学研究"符号与符号解释者的关系"。从此,"语用学"这一术语一直为哲学家、语言学家所

---

[1] 普遍认为莫里斯对符号学的解释背离了皮尔斯的原始思想。

采用。但莫里斯根据当时的行为主义符号学理论，又对这三个术语作了修正，他把修正后的语用学定义为"符号学的一部分，它在伴随符号出现的行为活动中考察符号的起源、用法和功能"（1946：219）。

他的观点得到同一时期的另一位逻辑实证论哲学家鲁道夫·卡纳普（Rudolf Carnap）的支持和修正。卡纳普认为。"如果一项研究明确地涉及说话人或用一般的术语来说涉及语言使用者，我们就把它归入语用学领域……如果我们从语言使用者那里只择取一些词语及词语所指的对象来进行分析，我们就处于语义学的领域。最后，如果我们从词语所指对象中抽出词语之间的关系来进行分析，我们就处于（逻辑）句法学的领域了"（1942：9）。卡纳普的解释实际上缩小了语用学的研究范围，进一步明确了语用学的研究对象，即研究使用者和词语的关系。此外，他还区分了纯语义学、描写语义学与语用学的关系，认为纯语义学和语用学是分析词语意义的两种完全不同的形式，而描写语义学可看作是语用学的一部分（1956：233）。莫里斯后来评论卡纳普的哲学时指出，他倾向于把语用学看作经验学科，而不承认纯语用学、纯语义学和纯句法学并存的可能性。

大约至50年代，卡纳普的学生巴希莱尔（Bar-Hillel）在总结了先师们的研究的基础上，具体地提出语用学应把语言中的指示语（indexical expressions）作为研究对象。巴希莱尔虽然对语用学的研究对象作了明确具体的界定，但是只限于指示语的研究，其范围显然过于狭窄。

上述四位哲学家可谓是语用学的探索者、拓荒者。从20世纪50年代初至60年代末，语用学在哲学领域的探索有了突破性进展，这一时期语用学研究的成就应归功于另三位哲学家的理论建树。他们是英国哲学家奥斯汀（J. L. Austin）和美国哲学家塞尔（J. R. Searle）、格赖斯（H. P. Grice）。奥斯汀"不满意语言哲学对所指、意义、陈述的真实和谬误的传统研究"（Leech，1971：321），首先提出了言语行为理论，向当时的逻辑实证主义提出了挑战。莱昂斯（Lyons）指出，当时的观点认为"唯一对哲学有兴趣的语言功能是用来作出真假陈述的功能"（1983：4）。奥斯汀试图证明这一观点是错误的，他认为话语和句子是不同的。前者指实际使用的语言，后者指脱离语境的语言系统的抽象单位，因而他把句子分为"表述句"（constatives）和"施为句"（performatives），说话时表述句在于陈述或描述某一事实（以言指事），而施为句在于完成某种行为（以言行事）。进而，他又把一个完整的言语行为一分为三：言内行为（locutionary act）、言外行为（illocutionary act）和言后行为（perlocutionary act）。最后在探讨这三种行为时，他把言外行为再一分为五：裁断式（verdictives）、施权式（exercitives）、承诺式（commissives）、表态式（behabitives）、阐发式（expositives）。这五种行为被称为言外之力（illocutionary force）。奥斯汀的言语行为观虽然只限于言语交际的意义方面，而且后来还引起了哲学家的激烈争论，但它的意义在于冲破了笼罩在语用学研究中某些理论观念的迷雾，结束了语用学研究停留在囿于解释语用学概念本身的局面，构成了语用学的基本理论。

奥斯汀的言语行为理论，经过他的学生塞尔的完善和发展，进一步"系统化"和"严密化"。塞尔的言语行为理论主要反映在他的《言语行为：语言哲学论文》（1969）中。70年代后，在研究了奥斯汀的间接施为句基础上，他又提出了间接言语行为（indirect speech act）的概念，即话语的形式不直接反映出这句话的交际意图。"塞尔甚至提出'语言理论是行为理论的一部分'。这就是说，在某种意义上把整个语言学看作是语用学"（Leech，1981：323）。现在言语行为理论已成为语用学研究的重要内容之一。

格赖斯1967年为纪念威廉·詹姆士在哈佛大学讲演时也提出了自己的语用学理论，这就是有极大影响力的"会话含义理论"（theory of conversational implicatures）。后来他发展了会话含义的概念，在《逻辑与会话》（1975）中，提出了用来解释会话含义的合作原则，包括四条准则：量准则（提供适量的信息）、质准则（尽量讲真话）、关系准则（说话内容切题）和方式准则（表达清楚明了）（Grice，1975：45—46）。合作原则是关于人们怎样使用语言的理论，解决了语义学中无法解决的问题，具有极大的解释力（Levinson，1983：3.1），更重要的是，它为解释言外行为提供了理论依据，是对言语行为理论的又一重要补充和发展。

综上所述，从莫里斯语用学概念的提出到格赖斯会话含义理论的完成，历经30余年，语用学才开始形成一门独立学科，可谓创业艰难。这一时期可分为两个阶段：第一阶段以皮尔斯、莫里斯和卡纳普的符号学理论为标志，语用学作为符号学的一部分，为确立自己的发展方向在朦胧中探索。第二阶段以奥斯汀、塞尔的言语行为理论和格赖斯的会话含义理论为标志，语用学冲破层层迷雾，创立了自己的基本理论。但这一时期的语用学研究只局限于哲学领域，为哲学家一统天下，尚未引起语言学家的注意。其次，它是以解决哲学问题为主要目的的。哲学是科学的先导，哲学家对于语言的探索，为20世纪70年代后语用学的崛起准备了条件。

3.2　70年代：确立时期

进入70年代，语用学如异军突起，成为语言学的一门独立学科。1977年，《语用学杂志》在荷兰正式出版发行，标志着语用学作为一门新兴学科已得到承认，确立了它在语言学研究中的地位。语用学在这个时期确立起来有其历史原因。

首先，哲学家的影响是语用学发展的直接推动力。语言哲学研究的目的在于揭示语言的普遍特征。经过长期的探索，哲学家提出了有关语言本质的许多问题，这些问题正是语言学家亟待解决的。塞尔和格赖斯在这一时期继续耕耘，言语行为理论日臻完善和发展。哲学家的研究成果不但为语用学的确立提供了理论前提，而且更重要的是开阔了语言学家的视野，改变了对语言本质的看法，因而导致了研究方法上的变革。

其次，生成语法内部的理论分歧为语用学跻身于语言学领域客观上创造了条件。生成语法发展到这一时期已陷入困境。乔姆斯基主张语言能力和语言行为的分离，坚持以句法为中心，排斥语言的使用和功能问题，因此对于那些涉及使用和语境的语言现象无法给予解释，暴露出自身的局限性。于是生成语法内部围绕语义问题展开了激烈的论战。争论的结果导致了生成语义学派的产生。这派宣称句法学不能同语言使用的研究相分离，提出把语义作为研究的中心，提出了句法的语用限制问题，迈出了向语用学跨越的重要一步。正如利奇所指出的那样，一旦承认语义为语言研究的中心，那么将无法回避语义如何随语境发生变化的问题。因此，语义学向语用学的转变将是不可避免的了（Leech，1983：2）。语用学在其自身的发展中表现出来的解释力，引起了众多语言学者的兴趣，他们改换门庭，纷纷投至语用学的新领域，扩大了语用学的研究队伍。

再者，功能主义语言理论的发展对语用学的确立起到了促进作用。虽然美国语言学传统的"主流"一直是形式主义，但在欧洲和其他地区功能主义却占支配地位。就语言运用规律而言，功能主义比形式主义有较大的解释力，在研究方法上也更接近于语用学。即使在美洲大陆内部也存在着许多"支流"，这些支流沿着功能主义的方向日益发展，对传统的"主流"起到了侵蚀瓦解作用。比如海姆斯在70年代批驳了乔姆斯基的语言理论，从人类文化学角度提出了"交际能力"的概念。此外，应用语言学的发展要求语言学研究提供更充分、更有解释力的理论依据，这种要求在一定程度上对语用学的发展也起到了推动作用。跻身于语言学领域的语用学，到这一时期已形成了自己完整的理论雏型，并确定了研究对象、研究范围和研究方法。

语用学研究的不是语言的语法关系，而是言语的交际系统，所以它的研究对象不是句子，而是话语（utterance）。研究作为交际单位的话语必须联系言语情景（speech situation）才能理解其意义，言语情景至少涉及下面四个问题：（1）说话人和受话人（信息的发出者和接收者）；（2）语境（话语产生的自然或社会环境，说话人和受话人的共知信息等）；（3）目的（说话人所表达的意图）；（4）言语行为（一定情景中所发生的言语活动）。此外，还包括话语产生的地点、时间。可见，话语意义是复杂的。

那么，如何来理解话语意义呢？对于这个问题的回答，涉及语用学研究范围的界定，列文森（Levinson）归纳了五个方面：指示语（deixis）、会话隐涵（conversational implicature）、预设（presupposition）、言语行为（speech acts）和会话结构（conversational structure）。尽管还存在着某些分歧，但这五个方面是描写语用学研究的主要对象。

研究指示语，有助于认识话语和语境之间的关系（通过人称、地点、时间指示语，如I，here，now等）；认识人的社会地位和社交关系（通过社交指示语，如敬语、称谓语等）；明确语篇中语词的指称关系（通过语篇指示语，如the following，the former）。因此，指示语对于理解产生话语的语境和语言使用者非常重要。会话含义，即话语的使用意义或语用意义。这方面的研究会帮助理解说话人的交际意图，并根据会话原则推导出会话含义，对语言交际提供功能方面的解释。预设也是一种语用推论，但它与其他会话含义不同。"它以实际的语言结构意义为根据，靠逻辑概念、语义、语境等推断出话语的先决条件。"（何自然，1988：112）。预设这种推论对影响话语意义的语境非常敏感，有助于解释一定语境中说话人和语句的合适性两者的关系，根据双方共知的信息，说话人和受话人相互理解各自的言语行为。研究预设实质上是研究影响话语意义的因素。言语行为对于理解话语意义至关重要。人们使用语言进行交际不仅仅表达"言之所述"，而且要表达"言之所为"，还会产生"言后之果"。对于言语行为的研究可理解说话人的交际意图，以及说话人的意图对受话人产生怎样的影响。会话是语言使用的范例，各种语用问题都可在会话中集中体现出来。因此，研究会话结构实质上是理解话语产生的过程，特别是有助于理解说话人和受话人之间的相互作用以及这种关系如何对语言结构产生影响。

语言研究采用什么方法取决于人们对于语言本质的认识。自索绪尔后的现代语言学研究，贯穿着两条主线：一条是形式主义的研究方法，另一条是功能主义的研究方法。形式主义以乔姆斯基的语言理论为代表，把语言视为一种心理现象，研究人类语言的大脑机制——普遍语法；功能主义以韩礼德的语言理论为代表，把语言视为一种社会现象，研究语言的社会功能，语用学则把语言视为心理现象和社会现象相互作用的产物，所以它采用一种综合的方法对语言的形式和功能的关系给予解释。概括起来，可分为三种类型：纯语用学（pure pragmatics）、描写语用学（descriptive pragmatics）和应用语用学（applied pragmatics）（何自然，1988：1）。

统观20世纪70年代，语用学领域呈现出令人可喜的局面，昔日的"废物箱"已经变成了语言学家的"万花筒"。这个时期的研究表现出下面几个特点：（1）人们从各种观点（哲学、心理学、社会学、人类文化学等）、各个方面（指示语、会话含义、言语行为等），围绕语言使用的各方面问题进行研究，形成了多元化的研究趋势。（2）语用学吸引了众多语言学家的兴趣，形成了一支庞大的研究队伍，冲破了哲学家的一统天下，已成为语言学研究的一个中心领域。但这个时期语言学家所做的工作，多半是囿于对哲学家语用学理论的解释，比如对言语行为和会话含义理论的解释。（3）虽然语用学已作为语言学一门独立学科确立起来，但它的基本理论尚需充实、完善和发展。人们只是在各个研究部门提出了许多至关重要的问题，但尚不能作出系统的理论阐述。

3.3　80年代至今：发展时期

语用学在70年代的确立为80年代后的迅猛发展铺平了道路，今日的语用学领域已呈现出"百家争鸣"的局面。这一时期大发展的主要标志是：

（1）语言学家对前期的研究工作和取得的成果开始进行梳理和总结，语用学理论进一步系统化，研究内容具体化。语用学研究朝着统一协调的方向发展。例如，列文森的《语用学》一书于1983年问世，对语用学的发展作了系统的概括和总结。利奇的《语用学原则》于同年出版，阐述了语用学研究的理论和方法问题，尤其是利奇提出的"礼貌原则"是对格赖斯"会话含义理论"的重要补充和发展。

（2）研究的范围进一步扩大，讨论的问题宽泛但主题集中，已不再局限于基本理论问题的探讨，开始触及语言本质的某些重要理论问题，如语言使用者的知识和语言使用的关系，语言结构如何跟语境相互作用等问题。某些理论上的分歧（如规约含义和会话含义的区分问题）推动了语用学的自身完善和发展。

（3）语用学由纵向的内部各部门之间关系的研究转向了同语言学各核心学科之间以及边缘学科之间关系的研究。这种研究不仅促进了语用学自身的发展，而且推动了其他学科的发展，形成了以语用学为中心，各学科同步发展的局面。

总之，20世纪80年代以来语用学有了较大发展，成为当代语言学研究的主流，语用学在其发展中显示出下面几种趋势。

3.3.1　就语言单相研究之间的联系来说，语法和语用的关系将成为讨论的主题

学科之间界限最模糊的是语义学和语用学的关系，对这两者关系的讨论注意力比较集中，争议也较大，归纳起来有三种观点：一种认为语义学从属于语用学；一种认为语用学从属于语义学；一种认为语义学和语用学是既相互独立又相互补充的两个领域（Leech，1981；何自然，1988；沈家煊，1990）。尽管观点不一，界限难分，但普遍认为语义学是研究形式和意义相匹配的语言现象（1+1=2），语用学则是研究形式和意义不相匹配的语言现象。（1+1>2）。在句法学和语用学的关系上，过去的研究还停留在提出问题的水

平上，例如，语言结构跟语境是如何相互作用的？说话人的交际意图是怎样影响语言结构的？语句同言外之力究竟有着怎样的联系？言外之力可通过哪些句法手段来表达？等等。还有一些尚未触及的问题。比如费尔默（Fillmore）提出了人类对语法的认知在多大程度上是以语用为基础的问题。这些问题的核心是如何理解语言形式和语言使用之间的关系。近期的发展表明，注意力已转到回答这个问题的研究上来。乔姆斯基承袭了索绪尔的界说，把语言一分为二：语言能力和语言行为。他把二者对立起来，强调语言研究的中心是语言能力，这就在语言和语言使用之间设了一道屏障。他的语言理论长期在语言研究中占统治地位。探讨语用学和句法学的关系，不但会从理论上证明乔氏理论的局限性而且会帮助澄清语言理论的某些重大问题。

3.3.2 从语言的跨面研究上看，语言使用的社会和认知方面如何相互作用将成为讨论的主题

语用学是一门涉及语言诸层面的学科。这是由语用学学科的特点所决定的。利奇概括了判定是否属于语用学研究范围的四条标准：（1）语言的使用者（说话人和受话人）；（2）说话人的意图或听话人的解释；（3）语境；（4）施事行为。如涉及其中之一就属于语用学讨论的范围。（1）（2）（4）三条与个人心理有关，而（3）与文化和社会有关。因此语用学的相关学科至少要包括心理语言学、社会语言学、人类文化学等边缘学科。"当我们语用学者把人类、社会和文化带入语言学领域的时候，敢肯定地说，我们会接受那种不单纯把语言看作是内部语法结构的产物的观点"（Janola Ostman，1988；IPrA Working Document 1）。所以说语用学同语言的各种跨面研究有着固有的联系。这种关系也说明了为什么心理学家、社会学家、人类文化学家对语用学感兴趣了。

研究语用学同语言的跨面研究之间的关系，发现语言使用受哪些心理、社会、文化等因素的影响，会推动语用学同单相研究之间关系的研究，反之亦然。近些年来，社会语言学主要研究如何理解制约言语交际的内在结构特征及其过程、社会变体和话语结构的关系以及语言理解等问题。心理语言学，特别是认知心理学，对会话含义、预设和言外之力这些概念的发展有极大兴趣。因为在这些方面语用学是理论的"提供者"，心理语言学是"检验者"、"加工者"或"否决者"（Levinson，1983：375）。发展心理学前景可观，它"考察儿童在认知发展过程中对语用结构的习得"。其研究结果发现："句法结构产生于语义结构，而语义结构产生于语用结构"（Elizabeth Bates，1976：353）。目前有迹象表明，语用学同其他边缘学科间关系的研究，注意力将转移到语言使用的社会和认知方面如何相互依赖、相互作用的问题上来。这实际上是研究如何从功能和心理两个方面来解释语言使用的。这方面研究将为语言的综合研究提供理论依据。

3.3.3 从应用语用学领域来考察，语用学理论在外语教学中的应用将取得更大进展

语用学是以解决语言交际中的实际问题，帮助人们进行有效的交际为目的的。因此，它一经确立，其理论的应用便受到普遍重视。语用学理论现已在语言教学、人机对话和人际交际方面得到应用，特别在外语教学方面展现出美好的应用前景。目前这一领域主要从语用–语言学和社交–语用学两个方面来讨论应用问题。语用–语言学研究语用学同语言学各核心学科之间的关系，宜带有语言研究的目的，侧重于语言使用的形式方面。社交–语用学研究语用学同社会语言学之间的关系，侧重于语言使用的社会条件和因素，探讨语言运用在社交场合如何才能做到得体、合适、有效。这两个方面的研究已经取得可喜的成果。

应用语用学之所以展现出美好的发展前景，是因为它提出了外语教学中所要解决的根本问题，即如何理解和使用所学语言这两个问题。理解和使用所学语言可看作是说话人和受话人相互作用的过程。这一过程中学习者遇到的最大障碍是理解说话人的语义意图（言外之力）。从使用的角度来看，学习者的困难在于如何用合适的语言形式来表达自己的交际意图。这两个问题的实质提出了"教什么"和"学什么"的问题。正是在这两个方面，语用学在含义、预设和言外之力方面的研究可能会提供解决问题的办法。语用学理论在外语教学中的具体应用也具有重要指导价值。除了解决因文化社会差异所导致的语用失误问题外，对语言实践课和理论课教学等都有指导意义，可帮助教者确定所教课程的侧重点。比如高校外语专业精读课到底要解决什么问题，是语符还是语义？根据语用学理论来分析，应侧重解决如何理解话语意义问题，从语词、

语句和语篇三个层次上挖掘语用含义。更重要的是，应用语用学把教者的注意力引向了语言的使用方面，对培养交际能力有着重要的指导意义。就语言理论和教学方法的关系而言，语用学已成为交际法教学的重要理论基础之一。尽管有些语用学者告诫人们不要忙于语用学理论的应用，但它的发展趋势将不可避免。在我国，语用学研究起步较晚，但由于何自然《语用学概论》一书的出版发行，引起了我国语言界和外语教学界的普遍注意，并取得了可喜成果。可以预言，语用学理论之花将在不远的未来在我国外语教学中结下丰硕之果。

3.4 结束语

语用学是以哲学为先导，伴随形式主义语言理论的衰落而发展起来的。今日它仍在发展之中，会话含义理论又取得新进展（详见中篇第六章），认知语用学已引起学术界的关注。虽然它还显得年轻，尚不成熟，但它却向我们展示了美好的发展前景。

第四章
语义等同与语用等同

4.0 引言

根据语义学的观点，凡是具有相同"客观真值"（truth value）的语言结构，都可以称为同义结构，显然，语义学把"真值条件"作为判断同义结构的标准。然而，如果从语言使用来考察，"真值条件"则不能作为判断同义结构的标准。因为"在言语交际中句子命题的真假（客观真假）与交际意图的实现并非一定相关，真有真的用途，假有假的功能"（钱冠连，1987）。也就是说，当使用语言来传递信息的时候，句子的命题则不存在真假的问题。这说明关于同义结构存在着两种截然不同的观点。本章将依据语用学理论考察会话含义、言外之力与同义结构的关系，并在此基础上提出同义结构的语用标准。

4.1 会话含义与同义结构

会话含义是一种语用推论，可根据合作原则联系话语的语境推导出来。根据格赖斯的解释，会话含义具有五个特征，其中之一是它的不可分离性（non-detachability）[1]，即会话含义依附于话语的语义内容，而不依附于语言形式。因此，会话含义不能通过同义转换从话语中分离出来。举例来说，某位小姐穿着一件新衬衫，让人家评价。她的女友虽认为她穿着这件衣服看上去不怎么样，但怕她不高兴便真话假说：

---

[1] 会话含义的五个特征是"可取消性"、"不可分离性"、"可推导性"、"非规约性"和"不确定性"。关于"不可分离性"特征的评述，参见 Levinson，1993：116—122。

(1) a. You look so good.

　　b. You look so nice.

　　c. You look so beautiful.

　　d. You look so pretty.

上面这四个"同义句",无论说出哪句,"你看上去不怎么样"这一会话含义始终存在。实际上,Grice只说对了一半儿,"非同义句"在这种特定的场合,也具有相同的"含义"。例如说话人改说:

(2) a. You look so tidy.

　　b. You look so different.

这说明不具有相同命题内容的话语在特定语境下也可表达相同的会话含义。又如,一位游客对某地出租汽车的索价感到惊讶,于是便带有讽刺意味地对司机说:

(3) The taxi costs me a fortune.

同样,他可以说出下面这句话来表达同一会话含义:

(4) I want a taxi (ride), I don't want your car.

会话含义的不可分离性特征为我们认识会话含义和同义结构的关系提供了理论依据。两者的关系可以作如下描述:若$S1$,$S2$,$S3$,…Sn具有相同或不同的P在特定语境下表达同一会话含义q,那么它们组成同义结构群。

对上面的描述应从三个方面来理解:同义结构指在特定的场合表达同一会话含义的语言结构;同一会话含义可由具有相同或不同命题内容的话语来表达;同义结构是靠会话含义的推导而组成的一个同义集合,即同义结构群。从理论上讲,这个集合的数量是无限的,也就是说在特定场合表达同一会话含义的同义结构是无限的。因为语法规则具有再生力,"有限的规则可生成无限的句子"。

综上所述,我们认为同义结构在传递信息时表现的方式上有狭义和广义之分,下面加以分述。

4.1.1 狭义同义结构

狭义同义结构指话语具有相同的命题内容，即"客观真值"相同，表现为相互的释义关系（paraphrase）。这种同义结构群是一个数量有限的同义集合，因为它们是按照语法规则和词汇手段来组合的。狭义同义结构可分为两种类型："转换"同义结构和"词汇"同义结构[1]。

转换同义结构（transformational synonymous structure）指因应用转换规则句法结构发生了改变所表现出来的同义关系。例如：

（5）a. A man who Carol knows came over to visit.

b. A man came over to visit who Carol knows.

（6）a. It is easy to play sonatas on this violin.

b. This violin is easy to play sonatas on.

c. Sonatas are easy to play on this violin.

（7）a. Mary has been dieting and John has been dieting too.

b. Mary has been dieting and John has been too.

c. Mary has been dieting and John has too.

（8）a. Bob chased Fido.

b. Fido was chased by Bob.

（5）b使用了"后移"规则，（6）b—c使用了"主语提升"规则，（7）b—c使用了"删减"规则，（8）b使用了"被动"规则，但每组例句均分别具有相同的"客观真值"。

词汇同义结构（lexical synonymous structure）指通过使用不同的词汇而表现出来的同义关系。例如：

（9）a. He's sitting on the *sofa*.

b. He's sitting on the *couch*.

（10）a. Simon *offered* Margaret a birthday present.

b. Margret *accepted* a birthday present from Simon.

（11）a. The policeman *slapped the thief in the face*.

b. The policeman *hit the thief in the face with the flat of the hand*.

1　参见伍谦光，1988：8.2。

从例句中的斜体部分可看出，词汇同义结构主要靠使用同义词（synonyms），相对关系词（relational opposites）以及语义合成（incorporation）来传递相同的信息。

4.1.2 广义同义结构

广义同义结构指虽然话语不具有相同的命题内容但表达同一会话含义。这类靠会话含义的推导而组成的同义结构群是一个数量无限的同义集合。确切地说，不仅具有相同命题内容的结构，而且在语义上彼此毫不相干的结构都可能传递相同的信息，因而组成广义同义结构群。例如，某人夜里被锁在了住宅楼的外面，在此种场合可使用下面这组同义结构。[1]

（12）a. 开门呀，大叔！
　　　b. 打开门，好吗？
　　　c. 门锁上了！
　　　d. 我忘告诉您留门了！
　　　e. 我没带钥匙！
　　　f. 我有事回来晚了！
　　　g. 打扰您休息了！
　　　h. 是我呀，您睡了？

显而易见，说话人在这种特定的场合要传递的信息是"请开门，我要进楼"。他说出上面每一句话都可传递相同信息。从语义上看，这些话语不能组成一个同义结构群，但从语用含义上推导，它们就能作为同义结构而组合起来。当然，根据听话人作出的反应，还会有n个话语包括在这个同义结构群中。

前面，我们从会话隐涵的不可分离性特征出发，讨论了会话隐涵和同义结构的关系。同义结构表现为两种形式：一种是狭义的，一种是广义的。狭义同义结构由于带有其形式特征，不妨看作是语言中的有标记现象，而广义同义结构是无标记的。

同义结构还可依据言语行为理论来考察。

1　这些例子是作者实际观察到的语料。

4.2 言外之力与同义结构

根据言语行为理论，言外之力（illocutionary force）是一种"以言行事"的行为。人们说出一句话语，不是单纯地传递字面信息，而是要通过"言内之意"达到施行某种"言外行为"的目的。按照间接言语行为理论的观点，言外之力即是通过句子"字面用意"（literal force）所推断出来的语用含义。

Water, please. 这句话在一定语境下说出的同时就是在施行"请求"行为，我们还可以说：Get some water, please. Do you mind if I ask you to get some water? 等等，来施行同一行为。这说明不同的话语可施行相同的"言外行为"，即表达同一言外之力。因此，如果不同的话语可用来表达同一言外之力，这些话语就可组成同义结构群。我们可这样来描述言外之力和同义结构的关系。

若S1，S2，S3，…Sn满足合适条件（felicity）[1]并通过字面用意X表达同一言外之力F，那么这些话语组成同义结构群。

上面这样的表述同描述会话隐涵和同义结构关系的表述十分相似，组成同义结构群的话语也是一个无限数量的同义集合，说出这个集合中的任何一句，都可施行相同的"言外行为"。例如，说话人"要求"听话人关门这一言外之力，可用下列不同的表达方式（Levinson，1983：264）

(13) a. I want you to close the door.

b. Please close the door.

c. Can you close the door?

d. Would you close the door?

e. Would you mind closing the door?

f. May I ask you to close the door?

g. How about a bit less breeze?

h. Now Johnny, what do big people do when they come in?

l. Okay, Johnny, what am I going to say next?

---

[1] 合适条件是语言产生言外之力所必须满足的条件。Searle认为合适条件包括"先决条件"、"真诚条件"、"命题条件"和"基本条件"（见Searle，1979：44）。

（13）a—b表现为直言不讳地提出要求，c—f是间接地提出要求的常用结构，g是以"建议"的语气有礼貌地提出要求，h—i是对小孩说的话，通过"提示"或"提醒"的方式间接地提出要求（何自然，1988：77）。虽然这些话语表现的方式不同，但"言外行为"却相同，即表达同一言外之力，这种以表达同一言外之力而组成的同义结构群有其特殊的组合方式，表现出规约性和非规约性的特点。

4.2.1 规约性同义结构

这里所说的"规约性"（conventionality）指话语的形式具有"约定俗成"的特征，或具有表示言外之力的手段（illocutionary force indicating devices），比如使用施为句（performatives），使用字面用意是"陈述"、"询问"或"命令"的句法结构，以及使用惯常的句法结构，都能表达同一言外行为，通过字面用意便可推断出所表达的言外之力。凡是靠规约手段而组成的同义结构群都属于规约性同义结构。例如：

（14）a. Answer the phone.
  b. I want you to answer the phone.
  c. Will you answer the phone?
  d. Can you answer the phone?
  e. Would you mind answering the phone?
  f. Could you possibly answer the phone?

（14）a是祈使句，b是施为句，c—f是惯用句法结构。通过这些句法形式的字面用意可推断出"请求"这一言外之力。

4.2.2 非规约性同义结构

非规约性同义结构指不能按约定俗成通过字面用意推断出言外之力的同义结构。对于言外之力的理解需要有一个语用推理过程，要依据合作原则、礼貌原则、共知信息和语境才能作出推断。请看下面这组例子：

（15）A：Let's go to the movie tonight.

B: a. I have to study for the exam.
b. I hear the exam will be more difficult.
c. I'm not well prepared for the exam.
d. I think I could fail the exam.
e. I would be crazy if I failed the exam.

答话人B似乎所言非所求，根据字面意思无法理解其用意。但说话人A通过语用推理可推断出B a—e的言外之力是"拒绝"。塞尔（Searle）的分析认为，说话人A推断出答话人B的言外之力需经过十个步聚（Searle，1975），但未说明间接言语行为也受"礼貌原则"的制约。从间接表达和礼貌的关系看，非规约性同义结构是传递相同信息的间接表达式的组合。

从同义结构和言外之力的关系看，规约性和非规约性也分别是同义结构的两种表现形式。这说明同义结构在组合方式上有其自身的特点。

4.3 同义结构的语用标准

前面，我们依据语用学理论考察了会话含义和言外之力与同义结构的关系：同义结构群是靠会话含义的推导和言外之力的推断而组合的。它们之间的关系表明，从语用学的观点来考察同义结构，"同义"一词的涵义指的是会话含义或言外之力相同，即语用含义相同，与语义学对"同义"的解释截然不同。"什么是同义"，也是一个哲学问题。哲学家会提出这样的问题：如果A与B相似，那么是否可推论出B与A相似？进而可提出：如果A与B相似，B与C相似，是否蕴涵A与C相似？对这类问题的回答，有时是肯定的，但可能经常是否定的。这就提出了什么是判断同义结构的标准问题。

讨论这个问题的前提是如何解释语言的意义，而对意义的解释又取决于语言学家对语言本质的认识。从古希腊提出的"命名说"，到奥格登（Ogden）和理查兹（Richards）解释的"语义三角关系"，从索绪尔的"语言/言语"的区分到乔姆斯基的"语言能力/语言行为"的界定，语义虽在一个时期内经历了被"冷落"的厄运，但语言学家一直没有放弃对意义问题的探索。20世纪60年代后，随着语言科学的发展，人们则开始以新的目光审视语义问题了。在语义学的发展过程中，形成了不同的语义学观点。尽管对什么是意义的看法是多元的，但似乎已达成一种默契——一种在研究方法上所取得的共识，即语言是有层次的，因而可在不同的层面上研究语言的意义。在语言体系和语言使用两个层面上，意义是根本不同的。这一点可以通过语言符号与人类世界的关系来加以说明。

波普（Popper）（1972）关于人类世界的划分，对我们认识语言的意义颇有启发。他认为人类知识涉及三个领域：世界Ⅰ（物质世界）、世界Ⅱ（精神世界）和世界Ⅲ（客观知识世界）。这三个世界既相互依存又相互作用，客观知识世界是精神世界反作用于物质世界的产物，即承载主观精神反映客观物质的信息符号系统——语言。利奇（Leech，1983）发展了波普的思想，指出在精神世界和客观知识世界之间还存在一个世界，即社会实在（institutional facts）。这样，人类的知识便涉及四个领域：物质、精神、社会和语言，即客观物质世界、主观精神世界、社会现实世界和语言符号世界。语言符号承载着主观世界反映客观世界以及由此所产生的现实世界的全部信息并与其他三个世界相互依存、相互作用。作为相对独立的世界，语言只是承载其他三个世界信息的符号系统，只有当它作用于其他三个世界时，才能实现其功能。韩礼德（Halliday）提出的语言三大功能以及莱昂斯（Lyons）所阐释的语言功能与三个世界都存在着对应关系：在客观世界，语言实现其概念功能或描写功能，在主观世界，实现其人际功能或情感功能，在现实世界，实现其语篇功能或社会功能。因此，作为承载信息的语言体系的符号意义和作为传递信息时语言的使用意义是不同的。在语言体系这个层面上，语言的意义是语言符号所承载的信息（潜在信息），在语言使用这个层面上，语言的意义是交际时所传递的信息（现实信息），我们不能混淆语言体系中的符号意义和语言使用时的说话意义（程雨民，1989：105—106）。语义学和语用学的分界正表现在它们所研究的意义上的差别。

语义学研究的是语言体系中的符号意义，或称规约意义（conventional meaning），也就是语言结构本身的意义；而语用学则研究语言使用时的说话意义，也就是语言结构在语境中所表达的实际含义或称非规约意义（non-conventional meaning），即语用含义。规约意义是稳定不变的，而非规约意义是随语境的变化而变化的。利奇用sense和force来区别语义学和语用学所研究的意义。正因为语义学和语用学所研究的意义不同,所以对同义结构的看法也就截然不同。

在语义学看来,意义等于"真值条件"。所谓"同义"就是具有相同的"客观真值",说"客观真值"相同实际上指语义等同(semantic equivalence)。而"同义"在语用学看来即指语用含义相同。从本质上看,语用含义表现为说话人的交际意图(communicative intention),同义结构群正是围绕交际意图而组合的。由此看来,所谓同义结构就是具有传递相同信息功能的结构,即功能等同(functional equivalence)。

4.4 结束语

综上所述,语言体系和语言使用是两个不同的层面,因此判断同义结构的标准也有两个:一个是语义等同,另一个是功能等同,即所谓两个层面,两种标准。

第五章
言语行为与施为动词

5.0 引言

我们在本篇第三章中简要地概述了言语行为理论的产生和发展。言语行为理论回答的不是语言是什么问题,而是回答使用语言做什么的问题。言语行为理论基于这样的一种假设:说出一句话即在施行某种行为,人类交际的最小单位不是语言表达形式,而是不同的言语行为(speech act)。如说出:

(1) I promise you to be there before you.
(2) I request that you come in the evening.

两句话分别表达的是"许诺"和"请求"行为。这两个句子含有分别表达这两种言语行为的动词promise和request,我们称这类动词为施为动词(performative verbs)。显然,言语行为和施为动词有着内在的关系。事实上,对它们之间关系的解释构成了言语行为理论的核心部分。本章将介绍奥斯汀(Austin)和塞尔(Searle)关于言语行为的分类并讨论言语行为和施为动词的关系。

5.1 奥斯汀关于言语行为的分类

英国哲学家奥斯汀的《如何用语词做事》一书于1962年发表,从而奠定了言语行为理论的基础。根据奥斯汀的解释,人们每说一句话的同时在施行三种行为:言内行为(locutionary act)、言外行为(illoutionary act)和言后行为(perlocutionary act)。言内行为表达的是字面意思。言外行为表达的是言外之意，或是说话人的交际意图，也称言外之力。言后行为指某一行为对听话人产生的影响。进而，他把言外行为再分成以下五种：

裁断式（verdictives），即根据有关事实的证据或理由做出官方或非官方的裁断。表达这类行为的动词有：acquit, hold, calculate, describe, analyse, estimate, date, rank, assess, characterize等。

施权式（exercitives），指对某种行动或对某种行动的指使做出赞同或反对的决定，而不是做出判断。这类动词包括：command, order, direct, plead, beg, recommend, advise, appoint, dismiss, nominate, veto, declare closed, declare open, announce, warn, proclaim, give等。

承诺式（commissives），即说话人对某种行动做出承诺。典型的动词有：promise, vow, pledge, covenant, contract, guarantee, embrace, swear等。

阐发式（expositives），指发表意见、参与辩论以及澄清概念的行为，这类动词很多，其中主要包括：affirm, deny, emphasize, illustrate, answer, report, accept, object to, concede, describe, class, identify, call等。

表态式（behabitives），即对他人的行为态度作出反应、发表看法的行为。这类动词有：apologize, thank, deplore, commiserate, congratulate, felicitate, welcome, applaude, criticize, bless, curse, toast, drink, defy, protest, challenge等。

以上这五种行为就是奥斯汀所称的言外行为。

继奥斯汀后，美国哲学家塞尔在批判的基础上进一步发展了言语行为理论。塞尔首先指出了奥斯汀关于言语行为分类的缺陷，认为奥斯汀混淆了动词和言语行为之间的关系，与其说是对言语行为分类，倒不如说是对施为动词分类；每一类动词和五种言语行为重叠现象很多，包括在同一类中的动词实际上还可表达另一种行为，所列举的动词有许多同定义不符，更重要的是奥斯汀的分类没有遵循一定的原则，因此实际上等于没有分类的标准。塞尔正是从确立言语行为的分类标准出发，进而对言外行为做了重新的分类。

5.2 塞尔关于言外行为的分类

言外行为数以千种，归纳为几类的确存在着困难，因为动词的意义经常难以区分，说话人的交际意图不总是十分明了。那么如何确立分类标准？塞尔认为，我们必须区分言外之力和命题内容之间的差别。命题内容本身不是行为，虽然表达某一命题的行为是施行某种言外行为的一部分（Searle，1965）。例如：

(3) Will John leave the room?

(4) John will leave the room.

(5) John, leave the room!

(6) Would that John left the room?

(7) If John will leave the room, I will leave also.

上面这五个句子具有一个共同的特征，即表达"约翰将离开房间"这一命题（proposition）。但这五个句子在一定的场合可施行五种不同的言外行为。

因此，言外行为可分解成命题成分和言外之力（交际意图），每一言语行为都把命题内容置于表达言外之力的环境之中，而言外之力本身主要表示三种意图：

1) 说话人的心理状态，称作"真诚条件"（sincerity condition）。

2) 说话人的言语目的，称作"基本条件"（essential condition）。

3) 说话人的语词和世界状态的关系，即适合世界的方向（direction of fit），也称"先决条件"（preparatory condition）。

命题内容包含所指和预测，涉及交际意图的表现方式，它随言外之力不同而不同。这样，塞尔实际上通过对言外之力结构的分析确立了四条标准：基本条件、真诚条件、先决条件和命题条件。这四个条件就是我们通常所指的言语行为应满足的合适条件（felicity conditions）。我们可用下表来概括塞尔对言外行为结构的分析：

	言外之力		命题
(1)	(2)	(3)	(4)
话语的目的基本条件	表现的心理状态 真诚条件	说话人的语词和世界的关系 适合方向/先决条件	命题内容 命题条件

塞尔根据前面所确立的标准，把言外行为归为五类：

断言式（assertives）：这类行为的基本条件是说话人保证命题的真实性，

真诚条件是说话人相信所陈述的命题为真，适合方向/先决条件是说话人尽力使语词与世界相符。例如：affirm, believe, conclude, deny, report 等。

指令式（directives）：其基本条件是说话人试图使听话人做某事，真诚条件是说话人要听话人采取行动，适合方向/先决条件是说话人尽力使世界与语词相符，命题条件是听话人在将来采取行动。例如：ask, challenge, command, insist, request 等。

承诺式（commissives）：其基本条件是说话人对将来某一行动作出承诺，真诚条件是说话人打算采取行动，适合方向/先决条件是说话人尽力使世界与语词相符，命题条件是说话人在将来采取行为。例如：guarantee, pledge, promise, swear, vow 等。

表达式（expressives）：其基本条件是说话人表达某种心理状态，真诚条件是反映出对听话人的态度，适合方向/先决条件是假定语词和世界相符，即语词和世界是对应关系，命题条件是对某种事态的描写。例如：apologize, deplore, congratulate, thank, welcome 等。

宣布式（declarations）：其基本条件是说话人想改变某一对象或情形的外部条件，真诚条件是不表达任何心理状态，适合方向/先决条件是既可能使语词与世界相符，也可能使世界与语词相符。这类行为和断言行为一样不存在命题条件问题。例如：name, define, resign（from position），declare war/guilty, nominate 等。

从塞尔对言外行为的分类可看出，所谓言外行为指话语所满足的合适条件，不同的言外行为所满足的合适条件不同，即言外之力不同。按照合适条件对言外行为进行分类的最大优点是，似乎无限的言语行为功能可简约到有限的范围内，为解释语言功能提供了理论依据。我们可用合适条件作为标准来比较各种不同的言语行为，从下表中可看出提出"请求"和提出"警告"两种言外行为在合适条件四个方面的差异（见Levinson，1983：240）。

合适条件	提出要求	提出警告
命题内容	听话人H将来的行动A	将来的事件E
先决条件	1. 说话人S相信H能做A 2. 如不提出要求，H是否会做A不清楚	1. S认为E将发生，并对H不利 2. S认为H不清楚E将发生
真诚条件	S想要H做A	S相信E对H不利
基本条件	算作一种企图，即使做A	算作一项保证，即E对H不利

5.3 言语行为和施为动词的关系

我们在前面介绍的每种言外行为中所列举的动词都是施为动词,从中我们可看出言语行为和施为动词的关系,即我们可通过施为动词预测话语表达什么言外行为。这是施为动词的语用特征。由于言外行为表现为话语的命题内容和言外之力的综合体,所以任何一种言外行为既与规约形式相关,也与非规约因素相联。下面我们就从这两个方面看言语行为和施为动词的关系。

规约形式这里指一定的句法结构。五种言外行为和深层句法结构之间都存在着联系:

断言行为:I+动词(that)+句子

(8) I state that it is raining.

(9) I predict that he will come.

指令式:I+动词(you)+to+将来动词(名词短语)

(10) I request you to stop blowing.

(11) I order you to leave.

承诺式:I+动词(you)+I将来自主性动词(名词短语)

(12) I promise you I will stop smoking.

(13) I vow to get revenge.

表达式:I+动词(you)+句子(名词性转换形式)

(14) I apologize (to you) for stepping on your toes.

(15) I congratulate you on winning the race.

宣布式:I+动词+名词短语$_1$+名词短语$_1$ be述谓

(16) I judge you guilty.

(17) I declare the meeting adjourned.

观察上面这些深层句法结构,我们发现有一条共同的句法特征:主语是第一人称，谓语施为动词是一般现在时。这些结构只说明言语行为和规约形式之间的关系，在实际交流中，人们并非完全按照这些固定的形式来说话。但这种关系一方面表明对言语行为的理解依赖于句法基础，另一方面为解释间接言语行为提供了依据。

言语行为的表达有直接和间接两种方式，即直接言语行为和间接言语行为。施为动词表达的是直接言语行为。正因为如此，我们说通过施为动词可预测言外之力。间接言语行为是通过某些惯常的语法结构来表达的，比如使用疑问句：

（18）Could I get you a drink?

（19）I'll read it to you tonight, okay?

但间接言语行为往往受礼貌原则的制约，而直接言语行为有"冒犯"他人的危险，这说明两者都受到交际对象和交际环境的限制，尤其使用施为动词表示"指令"或"请求"时更是如此。

非规约因素指与语篇层面相关的因素，如与说话人和听话人、言外之力的表达等相联系的因素。按照塞尔对言外行为的分类，"同义"施为动词和"非同义"施为动词都能表达相同的言外之力。这就提出一个问题：既然"同义"施为动词表达相同的言外之力，那能否说在语篇层面上"同义"施为动词之间就不存在差异了呢？显然，对这个问题的回答是否定的。下面我们就在语篇层面上讨论同一言外行为和表达这一行为的"同义"施为动词之间的关系。

这种关系表现出以下三个主要方面的差异：

1）说话人和听话人的地位不同。说话人和听话人所处的社会地位影响对施为动词的选择，不平等的社会地位决定他们选择不同的施为动词。例如，如果一个将军对士兵讲话，他就会选择command或order，而一个士兵对将军提出要求，他就会选择request。虽然这三个动词表达相同的言外之力。

2）言外之力表现的力度或重心不同。力度即施为动词之间所表现出来的信息内容的强弱。例如：

（20）Mole suggested we go and call on him.

（21）Mole insisted we go and call on him.

这两个句子都表示"建议"，但言外之力在表现的力度上存在着差异，也就是说insist的语义强度比suggest大，因而对听话人所产生的效果也就不同。再如，say，tell，speak，talk这四个动词是同义词，但除了句法上的搭配差异外，它们在语用上存在着很大的差别。按照使用意义上的接近程度，它们可组成两组：say/tell和speak/talk。前一对具有侧重传递信息的特征，即重心在于传递信息（message-oriented），说话人倾向于向听话人传达信息，而不是让听话人采取行动；而后一对倾向于侧重收言后之果，隐含说话人说服对方采取行动之意。

3）言外之力表现的文体不同。许多施为动词在说话目的和命题内容方面不存在差别，但在文体上言外之力表现出差别。例如，announce和confide都可表达宣布行为，前者用于一般场合，而后者用于特殊场合。相同差异的施为动词很多，这里无须赘言。

5.4 结束语

从言语行为和施为动词的关系可看出，要真正学会准确、有效地表达交际意图，必须对施为动词在句法、语义、语篇三个层面上来理解，尤其在外语教学中更要重视这三个方面的解释和研究。

第六章
会话含义理论的新发展
——新格赖斯会话含义理论述评

6.0 引言

继格赖斯（H. P. Grice）提出合作原则（cooperative principle），创立会话含义说（简称"旧说"）后，语用学领域又形成了一种解释会话含义的新理论，即新格赖斯会话含义说（简称"新说"）。虽然"新说"仍在发展之中，但已经引起广泛的注意。那么，什么是"新说"？为什么会产生"新说"？"新说"在"旧说"的基础上进一步提出或解决了哪些理论问题？它对语用学的发展有何重要意义？本章将围绕这些问题展开讨论。

6.1 "新说"产生的学术背景

为了理解"新说"发展的脉落，我们首先回答第二个问题：为什么会产生"新说"？

6.1.1 "旧说"的提出

1975年，格赖斯在《逻辑与会话》一文中，提出了制约人类交际行为的一条总则（语言交流的参与者需根据交流的意图和语境采取合作的态度）和四条准则（量准则、质准则、关系准则、方式准则），统称"合作原则"。1987年，他在《逻辑与会话补注》一文中进一步阐发了他的观点。格赖斯提出合作原则意在补救用形式逻辑分析自然语言意义时所存在的不足，进而解释为什么在言语交际中说出X，意为P，而隐含q这一人类语言非自然意义现象，从而完成了他的会话含义说。事实上，格赖斯对自然语言意义的研究包括两步曲：一是提出会话含义理论，二是建立行为原则，为解释其理论提供依据（Kempson，1975）。

格赖斯区分自然意义和非自然意义。自然意义不传递意图，只表示（客观）实际（factive），如"这些红点意为麻疹"，"乌云意为快要下雨"；非自然意义与交际相关，涉及意图，表示（主观）非实际（non-factive）的交际内容，如"他的手势意为发了火"，表示的不是实际而是传递意图（Grice，1989：291）。"旧说"就是建立在对自然语言非自然意义的观察和解释的基础之上的。格赖斯对非自然意义的分析可用下图表示（Levinson，1983：131；Harnish，1976：331；Horn，1989：146）：

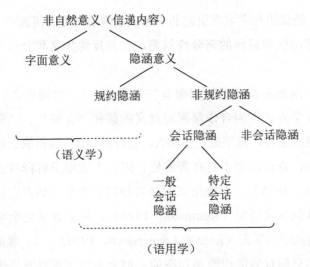

根据格赖斯的解释，语义学研究字面意义（真值条件意义），语用学应对各种含义（implicatures）给予解释。其解释的依据就是他所提出的会话交流一般所遵循的合作原则。因此，"旧说"是一个完整的理论体系。然而，正如任何一种理论都不可能是完美的一样，"旧说"也有其局限性：它无法解释在语义学和语用学二者之间存在着的一个交叉层面的意义（如图表的虚线所示）。显然，这种交叉层面的意义指的是规约含义。格赖斯认为，下面这个例子中的a隐含b，但c不隐含b，虽然a和c的真值条件意义相同：

(1) a. He is an Englishman; he is, therefore, brave.
    b. An Englishman is brave.
    c. He is an Englishman and he is brave.

格赖斯把b这种含义称作规约含义，具有可分离性特征，因为说出c句，含义自然消失。

诚然，格赖斯的分析是正确的，但他没有对规约含义的特征作全面考察。实际上，他所说的规约含义就是后来引起最大争议的"预设"——既表现出规约意义的一面，也表现出非规约意义的一面。于是，各种议论纷至沓来，在语用学领域展开了激烈的学术探讨。

6.1.2 引起的争议

"旧说"的提出在学术界引起的争论主要围绕两方面问题：一是合作原则的普遍性、应用性和解释的充分性问题，二是规约含义和会话含义的区分问题。

就第一个问题而言，归纳起来有三种看法：1）舍而弃之。持这种观点的主要是语义学者，认为合作原则对意义的解释"含糊"、"空洞"、"泛化"，给出相同条件，似乎既可解释A，也可解释B，因而缺乏解释力。有些反对意见认为，合作原则不具有普遍性，因而不适用于解释跨语言文化交际行为（Keenan, 1976），不能用来解释各种句子类型（如否定句、祈使句、疑问句）和其他含义现象（Kempson, 1975），句子含义完全可纳入语义学范围，无须建立语篇原则（Katz & Langendoen, 1976）。2）取而代之。这种观点承认制约交际行为的原则是存在的，但合作原则难以充当这一角色，所以提出了其他原则，如凯舍（Kasher）（1976）提出了理性原则（rationality principle），斯珀伯（Sperber）和威尔逊（Wilson）（1986）提出了关联原则（principle of relevance）以取代合作原则。3）借而用之。这种观点原则上持赞同态度，但同时认为合作原则在其普遍性、应用性和解释的充分性方面存在着局限性，因此必须加以修正和发展，使其具有更大的解释力（Kempson, 1975; Atlas & Levinson, 1981; Leech, 1983）。

第二个问题的争议集中在以什么为标准来区分规约含义和会话含义。塞道克（Sadock）（1978）分析了格赖斯所提出的会话含义的五个特征（可取消性、不可分离性、可推导性、非规约性、不确定性），指出了按这五个特征为标准区分规约含义和会话含义所存在的问题，提出强化（reinforceability）也是一条特征。围绕上面这个问题虽议论之多，争议之大，但争论的焦点是与规约含义和会话含义二者都有联系的"预设"问题。一种观点认为"预设"等于规约含义（Karttunen & Peters，1979；Gazdar，1979），因为"预设"具有不可取消性、可分离性和不可推导性的特征；一种观点认为"预设"等于会话含义（Wilson & Sperber，1979；Atlas & Levinson，1981），因为"预设"具有可取消性、不可分离性和可推导性的特征。这场争论虽然没有明确的结论，但其结果澄清了这样一个问题："预设"具有规约性和非规约性两方面的性质，是一种半规约意义（Horn，1989：145—146；沈家煊，1990）。

6.1.3 "新说"的产生

应该说对"预设"的"两面性"看得最清楚的是阿特勒斯和列文森。他们似乎也把"预设"看作会话含义，但实际上他们同其他激进语用学的观点有很大不同[2]。阿特勒斯和列文森（1981）全面、系统地总结了关于"预设"的争论，对长期争执不休的"否定"和"投射"问题作了深入的剖析，重新思考和修正了包括"旧说"在内的各种不同的语用学观点，明确提出"预设"等于"一般会话含义"的概念。他们认为"预设"一方面可简约为蕴涵；另一方面可简约为非规约性会话含义，这是语义和语用相互作用的结果。从"否定"的特征（否定后仍然保留或消除）看，"预设"与语境或背景信息相关明显体现出非规约性；从"投射"的特征（由某些词项和语句引发）看，"预设"与不靠语境推导这一意义上的"一般会话含义"相关，说明存在着规约程度问题。概括起来说，"预设"表现出两大区别特征：一是在某些语境下可被取消，二是依附于表层结构（Levinson，1983：186）。因此，以真值条件为标准无法解释"预设"的性质，而根据"旧说"的量准则确立起来的级差语用规则（Horn，1972；Gazdar，1979）又存在着明显的局限性[3]。此外，他们观察到许多非级差含义现象，级差规则基本解释不了。例如：

（2）a. The baby cried and the mother picked it up.

b. The mother was the mother of the crying baby.

（3）a. Kurt went to the store and bought some wine.

b. Kurt went to the store in order to buy some wine.

（4）a. Mart and David bought a piano.

b. Mart and David bought it together.

（5）a. If you mow the lawn, I'll give you five dollars.

b. If you don't mow the lawn, I won't give you five dollars.

（2）—（5）中的a都隐含b。这些现象说明，在会话交流中人们可以从常规的一般用法中推导出更具体的交际内容。由此得出结论，解释"预设"的性质必须把语义学和语用学结合起来，建立一种统一协调的理论。更重要的是，他们冲破旧框架的束缚，认为"旧说"无法解释的现象不意味着不存在其他原则，不能僵化地限制在"旧说"的解释范围内。

正是鉴于以上这些认识和观察，Atlas和Levinson首先提出了解释会话推论的新原则。

6.2 "新说"补证的会话原则

现在我们来回答什么是"新说"的问题。

初期提出的新原则（Atlas & Levinson，1981：40）只能看作是"新说"的雏形罢了，它经历了一个发展、完善的过程。在其整个发展过程中，对"新说"有过贡献的主要包括阿特勒斯、列文森、利奇、荷恩（Horn）、斯珀伯和威尔逊，以及黄衍（Yan Huang）等，其中以列文森和荷恩为代表。他们不断加以总结和完善后形成的解释会话推论的原则，构成了我们称之为"新说"的理论体系。所以，一般认为"新说"包括荷恩和列文森分别补证的会话原则。下面分别作以介绍：

6.2.1 荷恩的Q-原则和R-原则

荷恩把"旧说"的四条准则，简化为一条Q-原则（量原则）和一条R-原则（关系原则）。

A. Q-原则

提供足够的信息：能说多少就尽量说多少（以R-原则为条件）

B. R-原则

提供必要的信息：能不说的就尽量不说（以Q-原则为条件）

根据荷恩的解释，Q-原则和R-原则是两条功能对立的语用原则。就信息结构而言，Q-原则是一条下限原则，可用来推导上限含义，所推导出来的Q含义具有否定特性。当说话人说出"…P…"（P指荷恩级差里的弱项或相关意义上的弱式）时，听话人可推导出其含义即（就说话人所知）"…至多是P…"的意思。换言之，表示与P相关的强项或强式不成立的意思。与此相对，R-原则是上限原则，可用来推导下限含义，所推导出来的R含义具有肯定特性。当说话人说出"…P…"时，听话人可推导出其含义即"…不只是P…"意思，或者说，说话人传递的是相关的强项或强式的意义。例如：

（6） a. Some of the boys were there.

　　　b. Not all of the boys were there.

（7） a. I slept in a car yesterday.

　　　b. The car is not mine.

（8） a. I broke a finger yesterday.

　　　b. The finger is mine.

（6）b和（7）b是根据Q-原则推导出来的。（6）a中some是荷恩级差里的弱项，隐含强项不成立的意思，所以推论是b；如果（7）a要表示"我昨天在自己车里睡觉"的意思，那说话人就应明确地这样说出来，所以推论是"这台车不是我自己的"。（8）b则是根据R-原则推导出来的。假定先按Q-原则推导，推论是"这个手指是别人的"。然而按社会规约，这种理解显然是不成立的，所以听话人只能根据R-原则来推导。根据R-原则，说话人使用弱式不定冠词意在表达其相关的强式one of my fingers的意思。说话人本可以使用强式但没有使用则说明，他假定听话人可以按常规推断出所要表达的强式的意义。

从（8）可看出，Q-原则的应用有时同共同接受的社会规约发生冲突，这时R-原则就会起主导作用，制约听话人按常规推断出R含义。

为了说明Q-原则和R-原则两者之间既相互对立又相互补充的关系，荷恩提出语用劳动分工（division of pragmatic labor）的解释方法。其基本内容概述如下：

给定两种并存的表达形式：一种是无标记形式（unmarked expression）——简短、语义强度较弱，一种是有标记形式（marked expression）——较复杂或冗长。无标记形式倾向于通过R含义同某些无标记的、一成不变的意义、用法或情景发生联系，而使用有标记形式时，则倾向于Q隐含（根据Q-原则推导出）有标记信息的意思，即无标记形式无法传递的信息。

荷恩的"语用劳动分工"实际上是说，说话人首先遵循R-原则使用无标记形式，但当使用无标记形式无法表达要传递的信息时，说话人将遵循Q-原则使用有标记形式，传递有标记信息。例如：

（9）Can you pass the hot sauce?

（10）Do you have the ability to pass the hot sauce?

遵循R-原则，说话人选择（9），听话人可按规约推导出"请求"的含义。如说话人遵循Q-原则使用（10），那么听话人只能按字面意思理解推导出Q含义，即表达"疑问"的意思。

荷恩曾指出，Q含义的理据是语言性的，而R含义则带有典型的社会和文化特征（Horn, 1989：195）。然而，这是不是说Q-原则制约着语言表层形式，而R-原则制约着信息内容？实际上我们不十分清楚。正是在这一点上，列文森提出了疑议。

6.2.2 列文森的Q-原则，I-原则和M-原则

列文森也保留了"旧说"中的质准则，并主要以量准则为基础，提出了三条新原则：Q-原则（量原则）、I-原则（信息原则）和M-原则（方式原则）。

A. Q-原则

说话人准则：在你的知识范围允许的情况下，不要说信息量不足的话，除非提供足量信息违反I-原则。

听话人推论：相信说话人提供的足量信息与他所知道的相一致，因此：

a. 如果说话人说出荷恩级差<S，W>里弱项W，那么推论是说话人知道其强项S不能成立。

b. 如果说话人说出弱项W，但W未蕴涵嵌入句Q而说出强项S却蕴涵Q，且{S，W}构成对比，那么推论是说话人不知道Q是否成立。

B. I-原则

说话人准则：最低限量准则

尽量少说，不必要的不说，即以提供最低限度的语言信息达到交际目的实现（牢记Q-原则）。

听话人推论：最大充量规则

扩充话语的信息内容，即寻找最为特定的解释，直至达到判定说话人的交际意图为止。

具体按下列推导：

a. 假定所指对象或事件之间存在着常规关系，除非（i）与所确认的情况相悖，（ii）说话人违反最低限量准则而选择冗长语。

b. 假定句子所"谈及"的话题存在或符合实际，如果与所确认的情况相符的话。

c. 避免对所指实体作多重解释——假定所指关系的表达遵简从略，具体来说，优先把简约的名词短语NP（代词或零形式）按同指关系解释。

C. M-原则

说话人准则：不要无故使用冗长语、隐晦语或有标记语。

听话人推论：如果说话人使用冗长语或有标记语M，那么他不是表达和用无标记语U相同的意思——具体来说，说话人在尽力避免U带来的常规性联想和作出I隐涵的推断。

列文森的Q-原则和I-原则也是两条既对立又统一的原则。根据Q-原则，说话人如果未说出语义强度大或信息量充足的话语，那意为他要表达与这句话不同的意思。由此我们可推导出Q隐涵；与此相反，根据I-原则，说话人如果说出语义强度小或信息量不足的话语，那意为他让听话人按常规推导出具体、确切的意思（即I隐涵），用列文森的话说，"说得越少，表意越多"。下面例子（11）b和（12）b是根据Q-原则推导而来，而（13）b、c、d和（14）b是根据I-原则推导出来的：

（11）a. Some of my best friends are professors.

b. Not all of my best friends are professors.

（12）a. Mary believes there is life on Mars.

b. Mary doesn't know that there is life on Mars.

（13）a. John turned the key and the door opened.

b. John turned the key and then the door opened.

c. John turned the key and thereby caused the door to open.

d. John turned the key in order to make the door open.

（14）a. Bill has a car. The window doesn't close.

b. Bill's car has a window.

有些含义是靠Q-原则和M-原则综合推导出来的。例如：

（15）a. The bus comes often.

b. The bus comes not infrequently.

（16）a. Bob caused the car to stop.

b. Bob stopped the car in an unusual manner.

根据列文森的解释，（15）b和（16）b分别是Q/M含义，因为它们既涉及到形式，也涉及到语义的对比。

列文森的Q-原则、I-原则看起来同荷恩的Q-原则、R-原则很相似，但实际上存在着根本区别。列文森认为荷恩不应把他的Q-原则同"旧说"的方式准则联系起来，把R-原则同关系准则联系起来，因为这样会把制约形式的语用原则同制约信息内容的语用原则混为一谈。从荷恩的"语用劳动分工"看，有标记语和无标记语使用的区分与信息量毫无关系，而实际上他的R-原则可制约语义信息量的多少；Q-原则一方面可制约表层形式，另一方面可制约信息内容。所以，荷恩未阐明两者的关系（Levinson，1987：72—73；B: 409）。

列文森认为必须明确区分制约表层形式和制约语义内容的语用原则。因此，他明确指出他的Q-原则和I-原则是建立在语义概念（semantic notion）基础之上的，都对语义强度或信息量起制约作用，而M-原则是制约表层形式的，有些现象（Q/M含义）是根据Q-原则和M-原则综合推论的结果。为了解释Q-原则、I-原则和M-原则三者之间的矛盾对立和相互作用，他提出了下面的解决办法：

（i）真正的Q含义，从有密切对比联系的长短相等、类别相同并"涉及"相同语义关系的语言表达形式中推导而来，优先于I含义的推导；

（ii）在其他情况下，I-原则导致按常规解释，除非存在着两个（或两个以上）相同意思的表达形式：一个是无标记形式，另一个有标记形式。在此种情况下，无标记形式通常传达I含义，而使用有标记形式，根据方式原则表示相关的I含义不成立的含义。

为了验证他所提出的新原则的合理性，列文森（1987，1991）把它们应用于解释TG语言理论中被认为最带有普遍意义的回指（anaphora）现象，向乔姆斯基的管约（government-binding）理论提出了挑战。他采取历时的研究方法，依据澳大利亚Guugu Yimidhirr语和汉语语料的分析，证明回指现象可以用新原则给予合理的解释。这样就把乔姆斯基提出的制约回指现象的条件纳入了语用学理论的框架（Yan Huang，1991a，b）。

6.3 关于"新说"的评价

从前面的介绍可以看出，"新说"是在"旧说"的框架下，为弥补其理论上的缺陷，解决语用学内部、语义学和语用学之间的理论之争所发展起来的。所以，"新说"可视为是对"旧说"的补证或新释，尽管两者在本质上已存在着很大差别。应该指出，"新说"除了批判地吸收了"旧说"的合理部分外，还有两个来源：一是齐普夫（Zipf）（1949）的最低力原则（principle of least effort），一是波普（Popper）（1959）关于蕴涵的信息内容的分析[8]。这说明"新说"具有坚实的理论基础。那么，"新说"究竟解决或进一步解决了哪些理论问题？它对语用学的发展有何重要意义？下面我们将从三个方面展开讨论。

6.3.1 进一步强化了语义学和语用学的互补关系

语义学和语用学二者是什么关系？这个问题似乎有了结论，但实际上一直没有解决。解决这个问题的关键是拿什么标准来划分语义学和语用学的界线。格赖斯关于自然语言意义的划分直接引发了关于这个问题的争论。根据格赖斯的意义理论，有两个标准：一是真值条件，二是约定俗成。但这两个标准都无法解释"预设"的归属问题（沈家煊，1990）。"新说"的倡导者们认为，"预设"的两面性必须从语义学和语用学相互对立和相互作用的关系上来加以解释。因此，他们不赞成格赖斯关于规约意义和非规约意义的解释，认为实际交际的内容等于字面意义+隐含意义之和（Atlas & Levinson，1981：35），这样就可把"预设"看作是话语的规约性和非规约性相互作用的结果。"新说"对会话含义的解释明显地体现出这种关系。

如果我们承认"新说"对"预设"的解释是合理的话，那么，现在发现的人类语言的七种非自然意义（蕴涵、预设、规约隐涵、合适条件、一般会话隐涵、特定会话隐涵、非会话隐涵）都属于语用学的范围，这样，语用学这一概念的外延扩大了，而语义学实际上是对元语言（metalanguage）的研究。这里元语言是指"特殊构成的形式化系统"（Lyons，1977：10），对元语言研究即对元系统的研究。我们认为这种做法更接近于语言事实，因为我们无法在语义和语用之间划一条清晰的界线。显然，"新说"基于这样的假设：语用学涉及两个系统：语义系统涉及规约意义的确定，语用系统涉及非规约意义的确定（Cole，1981）。这种观点进一步强化了关于语义学和语用学关系的第三种看法：语义和语用是语言交际系统的两个不同的组成部分，既互相对立又互相补充。菲尔摩（Fillmore）（1981）也认为语用学应把形式、功能和语境三者统一起来，这三者之间既相对独立又相互依赖。许国璋先生在《论语言》（1990）中也曾指出，语言既受语法规则制约，也受社会规则制约。

"新说"进一步从理论上界定了语义学和语用学二者的关系，对研究人类自然语言意义的方法产生了积极的影响。目前，学术界普遍认为，语义学和语用学是研究人类自然语言意义的两种不同的观点和方法，两者是一个对立统一体。在对自然语言意义研究的过程中，我们的目的在于去发现语义和语用相互作用的机制，而不是把两者割裂开来。这种共识不能不说是"新说"推动的结果。

6.3.2 扩大了语用学的解释力

乔姆斯基曾指出，语言研究的目标应达到观察的充分性、描写的充分性和解释的充分性。所以，判断一种语言理论的价值最重要一点就是看它是否具有较大的解释力。"旧说"的主要贡献是简化了语义学，但格赖斯对如何根据四条准则推导出会话含义阐述得不严谨，而且局限于故意违反准则而产生的特殊会话含义，如隐喻（metaphor）、反语（irony）的解释上，尤其对一般会话含义的解释采取一种"保守"的态度。所以，来自对"旧说"的主要批评意见之一,就是其解释力问题。例如,斯珀伯和威尔逊(1981)提出反语可采用一种修辞语用学(rhetorical-pragmatic)的方法,而无须采用逻辑语用学(logical-pragmatic)的方法来解释。利奇(1983)认为违反量准则是受礼貌策略的影响,因此提出了礼貌原则作为补充。那么,如何扩大会话含义理论的解释力?"新说"的倡导者们认为,必须扩大"一般会话含义"的概念,重新认识这一含义现象的性质。这种看法已证明是正确的。

从"I-原则"所解释的范围看,一般会话含义包括多种会话推论现象,如并联强化型(conjunction buttressing)、联系型(bridging inference)、条件完备型(conditional perfection)、联袂型(mirror maxim)、优先同指型(preferred co-reference)[9]等语用学者所发现的现象(徐盛桓,1993)。可见,"新说"的解释力远大于"旧说"。正如荷恩在依据大量的语言事实所得出的结论那样:"新说"既可解释历时的和共时的,也可解释词汇的和句法的,还可解释"语言"的和"言语"的语言现象,从会话含义和礼貌策略到代词和空缺的解释,从词项的阻塞和分布限制到间接言语行为,从词的演变到格的形成"(1984:38)。

"新说"解释力的扩大,不仅仅说明可进一步简化语义学,而且说明语用学理论完全符合一般语言理论方法论上的要求,能提供一个既简明又概括性极大的解释模式,这为实现建立整体语用学的理论目标提供了方法,即会话含义都要经历一个规约化(conventionalization)的过程;在这个过程期间,各种含义中都含有规约成分,具有"混合"的性质(Levinson,1983:ch.3)。莫根(Morgan)(1978)提出的短路(short-circuited)会话含义现象随着新原则的提出进一步得到证实,间接言语行为理论可以被新原则所取代,格赖斯(1989)对会话含义的看法也说明了这一点。这类带有"半规约意义"的会话含义实际上指旧意义上的规约含义,或等于一般会话含义。对这类会话含义的推导依赖于规约意义。因此,"新说"将不但把对规约含义的研究引向深入,而且将启迪我们去深入思考语法和语用的关系。

6.3.3 加深了对语言交际性质的认识

人类语言交际的性质是什么?这个问题是随着"旧说"的提出人们才加以深入思考的。"旧说"指出了语言交际以"合作"为基础的性质,尽管有人对此持怀疑态度，但它已得到广泛地承认。格赖斯（1989：371）在阐述合作原则的总则和四条准则之间的关系时，又进一步强调了交际的"合作"性质。这也是为什么"新说"的倡导者们意在补证、发展"旧说"，而不是抛弃之的原因所在。语言交际表现为交际的参与者（说话人和听话人）相互作用的过程：说话人把交际意图附于言语行为之中，听话人通过对言语行为的分析达到对交际意图的理解。以语言运用为研究目的的语用学，应从言语的表达与理解两个方面提供解释。然而，"旧说"只是从说话人方面来解释交际行为的，这显然是个缺陷。如果把"新说"同"旧说"的原则加以比较，则不难看出"新说"在这方面作了修正。

无论是荷恩的新原则还是列文森的新原则都突出了交际的双向性，也就是说都从表达与理解两个方面来解释交际行为。这使我们进一步认清了交际的过程：在表达和理解言语行为的过程中说话人和听话人都持有不同的假设，彼此以"合作"为基础，以共知信息和对方的假设为前提，从而达到对话语的理解。"新说"正是解释了言语的表达与理解受不同语用原则制约的过程。因此，我们对语言交际性质的认识更深化了一步。

6.4 结束语

最后应指出，"新说"仍处在发展之中，它有待于进一步完善，如在语言形式、信息内容和语用原则三者之间的关系上，还存在着分歧；信息量、表达方式和相关性三者之间存在着怎样的联系，还须进一步研究。如果我们能成功地把新原则应用于解释汉语的语言现象，那不但会进一步证明"新说"的普遍意义，而且将为推动语用学的发展作出我们的贡献。

附注

1. a. 凯舍（Kasher）提出的理性原则指，在会话交流中说话人是理智的施为者，其交际行为完全受交际目的和信念的控制。他认为格赖斯的四条会话准则都建立在这条原则的基础之上。我们认为理性原则虽然在某种程度上可进一步解释为什么会话交流遵循合作原则的问题，但无法应用于解释会话含义现象。

b. 斯珀伯和威尔逊把格赖斯的四条准则简化为一条相关原则,对此持否定或反对意见者之多,因为相关原则具有"认知性质",不能真实地反映社会和文化特征。

2. 阿特勒斯和列文森也属激进语用学派,但他们强调语义和语用的互补关系,并提出修正激进语用学某些不合理的解释。因此,他们所使用的"会话含义"概念不同于格赖斯所阐述的那种狭义上的概念,而是指广义上的各种会话推论。

3. 荷恩级差指按同类词语的语义强度或信息量不等所组成的序列,即 $<e_1, e_2, e_2, e_n>$。在这个级差里,相邻的两个词项,前者为强项(S),后者为弱项(W);排列在前面的词项为强项(S),排列在后面的词项为弱项(W)。如果$<S, W>$构成Horn级差,那么当说话人说出任何一个弱项W时,隐含强项S不成立的意思。根据这条语用原则,级差语的实际字面意义是表示下限,而表示上、下限的意思是根据语用规则推导出来的会话含义。

例如:

(1) Kate ate 3 carrots. $\begin{cases}\text{下限:至少吃了三个。}\\ \text{上、下限:只吃了三个。}\end{cases}$

(2) Mary ate some of the cookies.

$\begin{cases}\text{下限:至少吃了一些。}\\ \text{上、下限:吃了一些但不是全部。}\end{cases}$

虽然Horn级差规则能解释级差语不存在歧义问题,但阿特勒斯和列文森指出它有三条限制:a. 构成级差的词项必须是同类词语。
　　　　　b. 每个排列在前面的词项必须蕴涵它后面的词项。
　　　　　c. 级差里所有的词项必须"涉及"相同的语义关系或属于相同的语义范围。

4. 荷恩于1984年提出Q-原则和R-原则(Q和R分别为Quantity和Relation的缩略形式以区别于"旧说"的量准则和关系准则)。1989年,他又进一步修正和阐发了这两条原则。本章的介绍主要参照后期的解释综合而成。

5. 阿特勒斯和列文森(1981)共同提出了信息原则(principle of informativeness),简称I-原则。后来列文森(1987,a,b)在评述荷恩的Q-

原则和R-原则的基础上进一步阐发了他们的观点,最终形成了下面所介绍的三条原则。其中M-原则（principle of manner）列文森并未单独作为一条原则来阐述,而是体现在他的解释之中,本章对M-原则的介绍源于黄衍（1991b）。

6. a. 嵌入句（embedded sentence）为TG语法中的术语,指传统语法中及物动词后的宾语从句,与这一术语相对的是矩阵句（matrix sentence）,即传统语法中的主句。

b. 这条涉及分句含义（clausal implicature）的推导问题。例如：

a) John believes that there is life on Mars.
b) John knows that there is life on Mars.
c) John doesn't know that there is life on Mars.

动词believe和know可构成荷恩级差<S，W>,前者为弱项后者为强项。说出a)句时,弱项W（believe）不能衍推出从句Q（即"火星上有生命"）,而说出b)句时,强项S（know）却可蕴涵出从句Q。因此,推论是当说出a)句时隐含c)的意思,即说话人不知道Q是否成立（不知道火星上是否有生命存在）。

7. 这三条是听话人在推导I隐涵过程中所持有的假设,并非按逻辑顺序排列,也就是说I含义的推导并非依次经过这三个步骤,而只表明I含义是如何依据这三种假设在具体情况下推导出来的。这三条大体可概述为：a. 按约定的常规关系推导；b. 按句子的实际使用推导；c. 按所指关系的表达习惯推导。例如：

（1）a) He stopped his car near a house.
　　　b) The house is not his.（根据a推导而来）
（2）a) It was not John that Marry kissed.
　　　b) Marry kissed someone.（根据b推导而来）
（3）a) John finished the work and (he) began to watch TV.
　　　b) John finished the work and he began to watch TV.（根据e推导出来）

8. a. 齐普夫认为人类的全部行为受"最低力原则"的制约。这条原则指人们在解决目前或将来的问题时,总是设法把付出的努力减少到最低限度。在语言使用的领域，这条原则表现为两个方面：合力和分力。合力指说话人表达上的经济力（speaker's economy），倾向于用最简单的方式表达复杂的意义，而分力指听话人理解上的经济力（hearer's economy），倾向于把复杂的意思按一种意义来理解（1949：19—21）。

b. 根据波普的分析：如果B的一组蕴涵包含在A的一组蕴涵之中，那么A比B信息量大（1959：120）。

9. 这是列文森应用新原则解释回指现象时使用的术语。名词短语的三种不同表现形式，可按语义信息量和表层长度构成一个不等的层次：（词项）名词短语>代词>空缺（零形式）三者的语义信息量依次减小。根据I-原则，我们可对回指现象作这样的解释：零形式和代语形式的名词短语，在管约的范围内，比词项形式的名词短语倾向于表示同指关系。例如：

（1）a) John came in and (he) sat down.
　　　b) John$_1$ came in and he$_1$ sat down.

根据a推论出b中的John$_1$和he$_1$是同指关系，这种推论称为优先同指型推论。

第七章
礼貌现象与礼貌观

7.0 引言

礼貌是一种语言现象,它普遍存在于人类语言之中;礼貌也是一种文化现象,它在不同的社会文化中表现的方式不尽相同。社会语言学家虽早在20世纪50年代就注意到礼貌现象,但直到70年代礼貌现象才引起广泛的注意并得到系统的研究。由于语言学者对礼貌现象的看法不同,所采用的解释方法也就不一。综观对礼貌现象的研究,主要有四种观点:社会规范观,会话准则观,顾全面子观和会话契约观。下面将分别加以评介。

7.1 社会规范观

社会规范观(social-norm view)认为,任何社会中都存在着一套社会规范或社会规则,它规定或制约着该社会中语言使用者的言语行为,礼貌属于某种社会规范。如果某一言语行为与这种规范相一致,那就被视为礼貌的行为,否则就被视为不礼貌的行为。社会语言学家通常采用这种观点来解释礼貌现象。沃德保(R. Wardbaugh)曾作过这样的解释:礼貌本身是由社会所规定的。当然这不是说我们总得要彬彬有礼,我们时而可能对人相当无礼。然而,假定不存在被打破的礼貌规则,我们不可能时而有礼时而无礼。可见,无礼貌是伴随礼貌标准或礼貌规范的存在而存在的(1986:267)。

的确,礼貌规范存在于一定的社会文化之中,它不仅存在,而且规定着人们的言语行为。有关研究表明,称谓形式和说话方式最能反映礼貌规范对言语行为的制约作用。

7.1.1 礼貌规范与称谓形式

称谓形式具有较高的文化敏感性，由于不同的社会文化遵循着不同的礼貌规范，称谓形式的使用表现出很大的差异，也就是说，人们按照一定社会文化的礼貌规范选择适当的称谓形式。

强调个性的西方文化和强调群体的中国文化截然不同，两种社会中的礼貌规范存在着明显的差异，因而决定了英汉两种语言中的称谓体系也就截然不同。

一个以英语为母语的说话人，用"先生"、"夫人"、"小姐"、"女士"称呼对方，或用某某"教授"、"医生"、"博士"甚至名字称呼对方，都可满足英语社会规范的要求，而对于一个以汉语为母语的说话人，他必须从复杂的称谓体系中选择适当的称谓形式称呼对方，才能满足中国社会礼貌规范的要求。例如，对长辈讲话要用亲称（大伯、二叔、二舅）或尊称（伯父、叔父、舅父）；对领导、上级讲话要用尊称（王校长、李处长、张科长），即称其职位；对同辈、同事、朋友讲话可直称，即称其名或用亲称（小李、老赵）。简言之，根据中国社会的礼貌规范，必须按照一定的社会关系，包括上下级关系、平等关系，亲疏关系等来选择适当的称谓形式。

7.1.2 礼貌规范与说话方式

这种观点认为，礼貌与说话方式（speech style）密切相关。说话庄重、文雅是礼貌的行为，而随便、粗俗是不礼貌的行为，即使说话语调的高低、语气的柔硬、语速的快慢，也会体现出礼貌的程度。凯舍（Kasher，1986）曾引述过制约说话方式的几条礼貌规范：

（i）要避谈伤害感情的话题；

（ii）不要突然中断谈话，即便意识到有伤感情；

（iii）不要让道歉把事情弄糟；

（iv）要尽快改变话题，不要理会交谈中引起的冲突；

（v）不要对谈话的真实性提出质疑；

（vi）如确信话中有假且伤害不在场的他人，要平静、礼貌地告诉说话人他的言辞不妥，但如果假话不会造成后果，则不予指出为佳。

这些规范制约着人们的说话方式，因为说话方式只有与这些规范相一致，才被认为是礼貌的。礼貌规范制约说话方式，还表现在语言形式的选择上。请求别人做事，英语中使用情态动词的"过去式"，听起来彬彬有礼：Would you mind shutting the door? 相同场合，汉语中使用"劳驾您""麻烦您"等形式才显得文雅得体；法语中的人称代词应当使用vous而不是tu；至于日语、朝鲜语中的敬语体系更能说明礼貌规范制约着语言形式的选择。

不仅西方有些学者把礼貌视为一定的社会规范，我国古代学者对礼貌也有相似的认识。《礼记》中曾记载，曲礼曰："毋不教，俨然若思，安定辞。安民哉！"即一切行为准则皆以"敬"为基础，态度要端庄持重而若有所思的样子，说话亦要安祥而确定，这样才能使人信服啊！又曰："出言不以礼，弗之信矣。故曰：礼也者，物之致也"。意思是说，不依礼来说话，则所说的未必是真话。所以说，礼这回事，是事事物物的准则。可见，古人把"礼"视为行事的准则。虽然中国古汉语中的"礼"有其特定的内涵，代表封建社会的等级关系，但现代汉语中的礼貌概念由此衍生而来。

礼貌属于一定的社会规范，这似乎是无可非议的，但礼貌规范究竟应包括哪些方面？这些规范又是如何制约或规定人们的言语行为的？社会规范观看来难以对这些问题给予圆满的回答。

7.2 会话准则观

会话准则观（conversational-maxim view），即用会话准则来解释礼貌现象的一种方法，这种方法的形成是格赖斯会话隐涵理论直接推动的结果。格赖斯开创了用会话准则解释人类交际行为的先例，这就是他所提出的合作原则（the CP）。然而，根据合作原则，有些语言现象解释不了，礼貌现象就是其中之一。于是，后来的语言学家效仿格赖斯，采用会话准则的方法来解释语言中的礼貌现象。

7.2.1 雷柯芙的礼貌规则

雷柯芙（Lakoff）是最早效仿格赖斯，运用会话准则观解释礼貌现象的语言学家之一。她于1973年发表了《礼貌的逻辑》一文，把生成语法中"合格"

(well-formedness)的概念扩展到语用学领域,提出应建立语用规则,对什么是语用上的合格句给予解释。她把礼貌同句子表达的清晰性联系起来,提出了两条语用规则:

(i) 说话要清楚明了;
(ii) 说话要有礼貌。

这两条规则相互作用,相互补充,制约着语言形式的选择。当这两条规则发生冲突时,第二条起主导作用,即在非正式交谈中,为了加强和维系社会关系,清晰性常被礼貌所取代,为避免冒犯他人要比清晰地表达更为重要。我们可以看出,雷柯芙实际上把礼貌视为人际交往中避免冒犯他人或减少摩擦的一种手段(1973:296—298)。在此基础上,她提出了三条礼貌规则:

(i) 不要强加于人;
(ii) 提供选择余地;
(iii) 让人产生好感。

第一条为正式礼貌(formal politeness)规则,适用于交际双方社会权力和地位不平等的情景,如学生和系主任之间,雇员和经理之间的交谈等;第二条为非正式礼貌(informal politeness)规则,适用于交际双方社会权力和地位大致平等,但二者之间的社会交往不密切的情景,如商人和新顾客之间的商务交往,同一旅馆客房中两个陌生人相遇时的交谈等;第三条为亲密式礼貌(intimate politeness)规则,即增进亲朋好友之间的亲近感,适用于亲朋好友之间交谈的情景(Green,1989:144—145)。这三条规则概括起来,即达到让听话人产生好感(feel good)的目的。

雷柯芙对礼貌现象的解释建立在对说话人语用能力的解释基础之上。所以,她的礼貌观实质上是语用规则,是说话人语用能力的一部分,而语用能力在会话交流中起主导作用。这是雷柯芙的独到之处。

7.2.2 利奇的礼貌原则

采用会话准则的方法来解释礼貌现象,应首推利奇(Leech)。1983年利奇的《语用学原则》一书出版,在这部著作中,他把礼貌现象纳入修辞学的框架来加以解释。利奇认为修辞语用学包括人际修辞(interpersonal rhetoric)和篇章修辞(textual rhetoric),分别由两套不同的会话原则构成,礼貌原则和合作原则包括在人际修辞之中。根据利奇的解释，礼貌可以在合作原则和言内之意（sense）与言外之力（force）之间建立起联系（Leech，1983：104）。因此，他阐述了合作原则和礼貌原则的关系：两者都对交际行为施加限制，合作原则用于解释如何会产生会话含义，而礼貌原则用于解释为什么使用间接手段传递交际意图，两者既相互补充，又相互作用。

利奇的礼貌原则（the PP）由六条人际关系准则所构成（见Leech，1983：132；何自然，1988，97—98）：

（i）得体准则
    a. 尽量少让别人吃亏；
    b. 尽量多使别人得益。

（ii）慷慨准则
    a. 尽量少使自己得益；
    b. 尽量多让自己吃亏。

（iii）赞誉准则
    a. 尽量少贬低别人；
    b. 尽量多赞誉别人。

（iv）谦逊准则
    a. 尽量少赞誉自己；
    b. 尽量多贬低自己。

（v）一致准则
    a. 尽量减少双方的分歧；
    b. 尽量增加双方的一致。

（vi）同情准则
    a. 尽量减少双方的反感；
    b. 尽量增加双方的同情。

利奇礼貌原则的核心内容是，尽量减少表达不利于对方的信念，同时增加表达有利于对方的信念。利奇的独到之处在于他把每条准则同一定的言语行为联系起来，阐述礼貌原则同言语行为之间的关系，进而解释礼貌与话语表达方式的选择之间的关系。施行同一种行为，可能有多种表达方式，这说明存在礼貌的程度问题。礼貌具有级别性，表现为一个统一的连续体（何自然，1988：102）。因此，利奇建立起三种礼貌级别：

（i）害与利级别：某种行为给说话人或听话人造成的损害或带来的利益多大；

（ii）选择性级别：说话人的言外行为给听话人选择的余地多大；

（iii）间接性级别：听话人推断说话人言外之意的间接程度多大。

根据这三种级别，联系具体的言语行为，我们便可判断哪种话语表达方式较礼貌、礼貌或最礼貌。

利奇还区分了两对对立的礼貌类型：相对礼貌与绝对礼貌，积极礼貌与消极礼貌。具体的情景所要求的礼貌为相对礼貌（relative politeness），言语行为内在的礼貌程度为绝对礼貌（absolute politeness），增大礼貌行为的礼貌性称积极礼貌（positive politeness），减小不礼貌行为的不礼貌性称消极礼貌（negative politeness），积极礼貌和消极礼貌构成了绝对礼貌的两极。由于话语的相对礼貌性须根据具体的交际情景来判定，而不同社会文化遵循不同的礼貌规范，所以语用学应限于研究绝对意义上的礼貌（Leech，1983：83—84）。

利奇的礼貌原则引起了语用学界的广泛注意，但对其评论有褒有贬（Fraser，1990；刘润清，1987）。一般认为它比较适用于英语为本族语的西方文化，而不适于以汉语为典型代表的东方文化。

我国青年学者顾曰国（1990）同样采用会话准则观解释了现代汉语中的礼貌现象，他分析了从中国社会历史文明中演变而来的礼貌概念的内涵，指出了利奇的礼貌准则不适合解释汉语中的礼貌现象（但保留了利奇的基本框架），在修正的基础上提出了中国文化传统意义上的七条礼貌准则（Y. Gu，1990：245—255）：

（i） 贬己尊人准则

贬低自己，抬高别人。

（ii）称呼准则

使用适当的称呼语称呼对方。

（iii）得体准则
　　a. 在动机层面：尽量减小对别人的损害；
　　b. 在会话层面：尽量增大所受的益处。
（iv）慷慨准则
　　a. 在动机层面：尽量增大对别人的益处；
　　b. 在会话层面：尽量减小对自己的损害。

此外，顾还阐述了真诚原则（the Principle of Sincerity）和平衡原则（the Balance Principle）在中国人施行礼貌行为的过程中所起的作用。诚然，顾的礼貌准则更适于解释现代汉语中的礼貌现象，但应该指出，他认为"汉语中的礼貌概念某种程度上已经道德化，因此用会话准则来分析礼貌现象更为合适"（Y. Gu，1990：243），这一点值得商榷。

7.3 顾全面子观

面子，即脸面、情面的意思，是交际双方彼此认同的一种社会价值，表现为公众面前的自我形象。在社会交往中，人们相互把面子暴露给对方，既要顾全自己的面子，也要顾全别人的面子。早在20世纪50年代，社会语言学家高夫曼（Goffman）就曾提出过这种面子工作（face-work）问题。

继高夫曼提出面子的概念后，1978年，布朗（Brown）和列文森合作发表了"语言运用中的普遍性：礼貌现象"一文，从跨文化交际角度解释了面子与礼貌的关系问题。1987年他们在充实、完善原来所提出的基本框架的基础上，又合作完成了《礼貌：语言运用中的某些普遍现象》这部力作，进一步全面系统地阐发了他们的观点。他们所提出的礼貌观，即我们所称的顾全面子观（face-saving view）。

7.3.1 面子的概念与威胁面子行为

布朗和列文森沿用了高夫曼的"面子"的概念，认为作为社会自我形象的面子是带有普遍意义的概念，但他们未把面子看作每一社会成员所认同的规范或价值，而看作是社会交往中交际双方彼此都知道对方渴望满足的要求或希望

（Brown & Levinson，1987：62）。所以，他们按交际双方的不同要求区分了两种面子：积极面子（positive face）和消极面子（negative face）。

积极面子：希望自己的要求得到别人认可或赞同。

消极面子：希望个人的行动自由不受别人的妨碍。

面子在交际中表现得非常脆弱，可丢掉，也可保全，还可增赏，因为它常常受到某些行为的侵害。那些本质上可侵害面子的行为，布朗和列文森称之为威胁面子行为（face-threatening acts，简称FTAs）。他们进而从听话人和说话人两个方面区分了威胁积极面子的行为和威胁消极面子的行为。

威胁听话人消极面子的行为包括：命令、请求、劝告、提醒、警告等。

威胁听话人积极面子的行为包括：否认、批评、反驳、抱怨等。

威胁说话人消极面子的行为包括：表达谢意、接受道歉、提请原谅、接受建议等。

威胁说话人积极面子的行为包括：道歉、接受恭维、承认过错、自我谦卑等。

应该指出，布朗和列文森关于威胁面子行为的区分难以经受汉语语料的检验，因为汉语中消极面子的概念与他们的解释不同（Y. Gu，1990：241—242）。

7.3.2 礼貌策略与威胁面子行为

既然面子表现得非常脆弱，所以在交际中需给予保护，既要顾全别人的面子，也要顾全自己的面子，顾全面子的手段就是采用礼貌策略。因此，当面子受到威胁时，则要求采用礼貌策略来矫正这种威胁面子行为（FTAs），以防侵害别人的面子同时也防止自己的面子受损害。

布朗和列文森把用来矫正威胁面子行为的礼貌策略分为积极礼貌和消极礼貌两种：

积极礼貌：矫正威胁对方的积极面子行为，即满足对方所要得到的要求或希望（1987：70；101）。

消极礼貌：矫正威胁对方的消极面子行为，即不妨碍或侵犯对方的行动自由（1987：1 29）。

在布朗和列文森看来，礼貌和面子好比商品交易，交际双方为成功地达到交际目的，彼此不断地估价丢面子的危险性，并根据可能造成侵害对方面子危险性的大小选择适当的礼貌策略（1987：69）。可见，礼貌和面子表现为某种手段和目的的关系。在具体的交际情景中，交际双方对侵害对方面子危险性的估价以及对礼貌策略的选择，往往考虑到社会因素的影响。因此，布朗和列文森进一步分析了影响礼貌策略选择的三种主要社会因素：

（i）社会距离：说话人和听话人之间表现出对称或平等的关系，即指双方熟悉和利益一致的程度。

（ii）相对权力：说话人和听话人之间表现出非对称或不平等的关系，即指说话人给听话人施加意志的程度。

（iii）强加行为的绝对等级：即指在特定文化中听话人要付出利益或服务的代价，说话人施行这种行为的权力以及听话人接受这种行为的程度。

布朗和列文森认为，某种威胁面子行为对丢面子的危险性有多大，其严重程度（weightiness）可按下列公式计算：

$$W_x = D(S, H) + P(H, S) + R_x$$

（D: Social Distance，P: Relative Power，R: Absolute Ranking of Impositions）

公式表明威胁面子行为的严重程度等于三种因素之和，即这三种社会因素影响到威胁面子行为的严重程度，由此决定了施行威胁面子行为时所应采用的礼貌级别（1987：76）。简言之，这三种社会因素决定了礼貌策略的选择。

从前面的介绍可以看出，布朗和列文森视礼貌为顾全面子的手段或策略。

7.4 会话契约观

除上述三种观点外，还有一种鲜为人知的观点，即会话契约观（conversational-contract view）。这种观点是由弗雷泽（1975，1981）提出来的，1990年，在他发表的"关于礼貌观"一文中，他作了进一步阐述。

7.4.1 会话契约

会话如同商品交易，其过程就是相互协同直至达成交易契约的过程。进入会话交流前，交际双方彼此都相互了解各自的"权力"和"义务"，并期望实现各自的目的，这是参与会话的前提条件。在会话过程中，语境的变化为交际双方相互协同达成契约提供了可能性,这种相互协同表现为彼此可能调解各自的"权力"和"义务"。

交际双方确立"权力"和"义务"涉及到变化不同的层面,但主要有三个方面对会话契约的达成起着制约作用。

(i) 语言规约

交际双方须按语言规约进行会话交流。例如,他们应遵守话轮替换规则,彼此讲话要做到能听得见,听得懂。这些约定只能服从不能协同。

(ii) 社会惯例

交际双方须按社会惯例进行会话交流。例如,参加教堂活动要轻声讲话,称呼美国的行政首长要说"总统先生",法庭上证人除非被要求回答问题否则不能讲话,这些约定也很少相互协同。

(iii) 交际情景

交际情景涉及许多具体的因素,如社会地位、社会权力、说话人角色、交谈时的环境等,交际双方往往要根据会话时遇到的各种情况和有关这些因素的共有知识进行会话交流。交际情景的相关因素是可以协同的,但这些因素对言内之意和言外之力的表达都起着决定作用。

综上所述,会话是交际双方相互协同所达成的某种契约,人们须按达成会话契约的条件进行会话交流。

7.4.2 礼貌与会话契约的关系

既然会话是一种契约,那么礼貌在会话交流中起什么作用?弗雷泽认为,礼貌在协同整个会话契约的过程中起控制作用。礼貌不是某种事物,而是存在于每一个会话之中的状态,讲话有礼貌并非像雷柯芙或利奇所解释的那样,使听话人"产生好感"(feel good),也并非像布朗和列文森所解释的那样,使听话人不"产生坏感"(feel bad),而是涉及能否按会话契约的条件相互协同,直至达到交际目的的实现。

根据这种观点,遵守合作原则才是有礼貌的,而"合作"意味着遵守会话契约,所以遵守会话契约,按会话契约的条件进行会话交流被认为是礼貌的。语言本身不存在礼貌问题,礼貌与否要看说话人在会话交流中多大程度上遵守了会话契约。这样,礼貌被看作是一种交际意图,表示对他人的尊重。这种观点也承认,有些话语的形式的确比其他一些表达形式更能传递说话人"尊重"的意图,这是因为使用这些形式说话人能较高程度地受到赞赏。

7.5 结束语

前面介绍的这四种主要观点,基本上反映出礼貌既是一种普遍存在的语言现象,也是一种特殊存在的社会文化现象。社会规范观把礼貌视为一种社会文化现象,即社会行为规范,会话准则观和顾全面子观把礼貌视为一种语言现象,即交际手段(尽管两者仍有区别),而会话契约观则倾向于把礼貌看作是一种语言现象,也是一种社会文化现象,既是交际手段,也是社会行为规范,表现为说话人的交际意图。除第一种观点外,其余三种观点都是在格赖斯合作原则的理论框架下解释礼貌现象的。那么,哪种观点更适于解释汉语中的礼貌现象?这个问题有待于进一步研究。

第八章
意·义·译
——语言信息的层次性和"等值"翻译的相对性

8.0 引言

翻译是以语言符号为媒介在两种社会文化间传递信息的复杂思维活动。既然是复杂的思维活动,其评价标准就难以统一,理论框架就不易建构。我国的译学理论大都"植根于我国悠久的文化历史,取诸古典文论和传统美学"(罗新璋,1983)。严复的"信、达、雅"堪称集大成者,成为中国译界最有权威性的评价准绳。三字准则高度概括,言简意赅,醒人耳目,不乏其长,但也不免有玄过而失明澈之弊。西方学者以现代语言理论为依据,提出了过于理想化的"等值"和"等效"的标准。本章试图以分析翻译活动的实质为起点,从信息源和信息层次角度来谈等值翻译的相对性,再以此为参照评说信、达、雅的传统译学准则,权作一次融合、借鉴、继承、发展的尝试。

8.1 翻译标准问题与翻译活动的实质

翻译标准问题是从实践中提出来的,但问题的解决依赖于译学理论的创立和发展,依赖于人们对翻译活动实质的认识。信、达、雅准则是严复翻译实践的经验总结。有人称之为标准,有人称之为原则,有人称之为理论,尽管后人评说不一,严氏译说已在国内译界产生了很大的影响,说明它在相当程度上反映了翻译活动的规律。不少后来译界名家在基本接受严氏译说的同时试图进一步发展它。林语堂的"朴实、通顺、美",傅雷的"重神似不重形似",钱钟书的"化",林以亮的"译者与作者心灵上的契合"等等都是翻译经验的总结、提炼和概括。但是,由于历史的局限,这些译说在揭示翻译实质方面还是显得不够透彻。"信"(忠实)于什么(谁)?"信、达、雅"分别属于哪个层次的准则?

西方翻译理论家们相继提出了等值翻译和等效翻译。"等值"论的倡导者费道罗夫(Federov)认为翻译的等值就是表达原文思想内容的完全准确和在作用上、修辞上与原文一致。卡特福德(J. C. Catford)认为翻译实践的中心任务是在译语中"寻找等值物"。"等效"论的代表人物尤金·奈达(Eugene Nida)主张译文在读者中所引起的效应等同于原文的原语读者中所引起的效果,强调接受者的主体性和审美意识对作品的调节。这两种观点在不同程度上扬弃了文本中心论。"等值"观使用翻译标准问题涉及到原语和译语之间的对应关系;"等效"观则明确地把原文作者、读者与译文读者都纳入译者思维活动范围之内。但作为标准两种提法都在不同程度上过于理想化。

对比中外学者的主张不难看出,翻译标准的提出从根本上说都基于对翻译活动实质的认识,即不同的标准源于不同的翻译观。"信、达、雅"说及其翻版囿于文本中心论,"等值"说侧重于两种语言间的对应,"等效"说着眼于社会效益。三者视角不同,都部分地反映了翻译活动的实质。

翻译是涉及两种不同社会文化的语言—思维活动。译者是介于两种文化之间的信息传递者。他要熟悉两种语言文化,要深入理解原作的内容并正确推断作者意图,要用译语准确表达原作内容并正确表达作者意图,尽可能地再现原作的风格。这个复杂的语言思维活动涉及原作、原语、作者、译语、读者以及社会文化等要素。诸要素的相互关系简略图示如下:

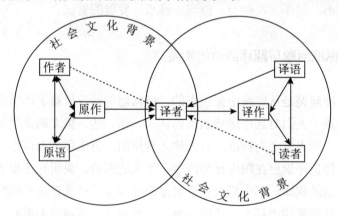

如图所示，译者要处理的信息是多源的。译者所要传递的直接信息来自原作。这一直接信息由可见部分和不可见部分构成。可见部分是字面意义，在物质世界中有白纸黑字为其载体。但作品传递的信息本质上属于精神世界，真正把握它须与作者在心灵上沟通。理解原作不仅要读懂字面意义还须领会作者意图。语用学研究成果表明，发话者的意图是不可见信息，只能根据字面意义和发话人所处的场景、所从事的活动等来推断。原作又是原语的直接运用。真正把握作品的内容与风格也离不开原语这一参照系。翻译过程中少不了要对照原作的语法语义规范，否则就不可能鉴识作品的风格。毋庸赘言，原语对于原作来说是载体，对于译者来说其内在规则也是翻译过程中思维活动的对象。

译者的信息输出是译作，信息的接受者是译作读者。读者的文化层次和审美意识也是确定译文风格所要考虑的因素之一。严复用古文体译《天演论》就是例证。译语是译者发出的信息的载体，它直接影响译者翻译过程中的思维活动。

作者用语言传递信息的过程是编码过程；读者接受信息是解码过程；译者在两种社会文化间传递信息，其思维活动包括解码和编码两个过程。两个过程要处理的信息是多源的，有来自文本自身的，也有来自文本以外的，有来自个体（作者）的，也有来自群体的（即关于读者的预测和关于两个言语集团、两种社会文化的知识）。作者、原语、原作之间以及译作、译语、读者之间的相互作用和相互关系也是相当复杂的。由于这些属于单一语言文化内部的问题，本章不展开讨论。说到这，译事之难难在它是处理多源信息的复杂思维活动。如此复杂的思维活动，仅从文本、语言对应关系或读者反映的角度去认识它不可能全面把握其实质。

8.2　等值翻译的层次性和相对性

译事之难还难在所传递的信息是多层次的。符号学、语义学和语用学研究成果表明，意义是分层次、分类型的。莫里斯提出语言符号系统涉及三种关系：语言符号系统内单位与单位之间的关系，即语法；语言符号系统与外部世界（包括物质世界、精神世界、社会世界）的关系，即语义；语言符号系统与使用者之间的关系，即语用。为表述方便，我们可以用形、义、意分别代表语言符号的三个层面来分析等值翻译的可能性。索绪尔的施指与受指二分说证明形与义在词汇层面上结合,构成语言符号的基本自由单位。施指与受指之间没有必然联系,这种任意性决定了不同语言(尤其非同语系语言)之间在形式上差别很大。英语词red与汉语的"红"无任何相似之处。除极少数的拟声词有相似发音外,英、汉语词之间无形等或形似。这决定了英、汉词语互译形等的可能性极小。比如,汉语对联怎能译成形等的英语对偶句?

就义而言,英、汉两种语言间也只能找到近似的对应关系。西方学者关于不同语言中颜色词的调查研究表明,不同的文化对光谱的划分是不同的。这类词义差异在英、汉语词间不胜枚举。试比较:

红糖 brown sugar
红茶 black tea
青布 black cloth
青天 blue sky

从语义成分来看,许多英、汉对等词只是近似等值。例如:袜子:[+穿着+包脚±有筒—着地]

socks: [+garment+covering foot+covering lower leg—covering thigh—touching ground]

对比两个语义成分公式可见,英语中socks的语义成分多,它的所指范围窄于"袜子"。如此说来,把"我去买双袜子"这样一个简单的句子译成完全对等的英语并非易事。每种语言对客观世界的划分都是一种独特的语义系统,每个词代表着整个系统的一个单位,都与其它单位相排斥、相区别。这就给两种语言间的语义对等翻译带来了困难。英汉之间诸如river与江、河,果与fruit和nut, cousin与堂兄弟姊妹、表兄弟姊妹等近似对应关系比比皆是。至于反映精神世界和社会文化的词语之间的似等非等现象就更不胜枚举了,难怪严复感叹"新理踵出,名目纷繁,索之中文,渺不可得,即有牵和,终嫌参差。译者遇此,独有自具衡量,即义定名。顾其事有甚难者!"

再从语义类型来看,词汇意义大体上分为理性意义和联想意义(或称附加意义)两大类型(英国著名语言学家利奇又将联想意义分为内涵意义、社会意义、情感意义、反映意义和搭配意义)。理性意义是语言集团成员共有的认知体系,在语言交际中起核心作用,在不同语言间的差异小于联想意义的差异。

联想意义不同给等值翻译设置了障碍。最明显的例子莫过于染上禁语色彩的词语。70年代某英文教材中有《半夜鸡叫》一课，其标题译作 The Cock Crows at Midnight。由于 cock 一词在英语俚语中有其另外的外延，这个英文标题就难称得上佳译了，当以 rooster 取代 cock。联想意义不同的对等词常常导致英汉互译的非等值。

从语义成分和语义类型两个角度不难看出，在义这个层面上绝对等值是不可能的，译者只能尽量使译文与原文所表达的内容接近。这不仅要求译者深入理解原作与作者沟通，还要求译者精通两个语言与两个言语集团沟通。

就意而言，译作与原作应完全对等，也就是在言语功能上完全对等。分析哲学家奥斯汀从言语行为角度分析意义的实质，区分了表述性意义和施为性意义。他把言语行为分解为言内行为（locutionary act）、言外行为（illocutionary act）和言后行为（perlocuftionary act）。格赖斯更直接了当地提出意义即是意图。他们都把意义与语言使用者的主观意向联系起来，从理论上界分了言语集团共识性的义（signification）与个体运用这种共识去表达主观意愿、完成某种行为的意（intention）。研究结果和经验都表明，人们在进行言语交际时直接注意并作出反应的恰恰是意这一层次的信息。人们交谈时都在瞬间迅速推断发话人的意图以便尽快作出适当的反应。请看同办公室两位秘书的谈话片断：

A: Are you going to be here long?

（你一时半会儿不走吧?）

B: You can go if you like.

（你想走就走吧。）

A: I'll be just out on the porch. Call me if you need me.

（我就在外边门廊那儿，需要就叫我。）

B: OK.

（好吧。）

B 直接针对 A 的发话意图作出回答，并未先针对字面意义作答。这说明意是言语交际中话语的核心信息。

既然意是话语的核心信息，译作与原作的功能对等也就是翻译的最高准则。在意这个层面上语言之间的共性占主导地位，使互译成为可能。无论哪个民族使用哪种语言符号，就人的心理、生理和情感需要来说都是同一的，因此语言功能是同一的，尽管同一种功能可在不同语言中有不同的表达方式。在原文中表达的"请求"，"道歉"，"警告"，"劝慰"等，在译文中也必须同样表达这些功能。You flattered me.译作"过奖了。"是对等的，译作"你奉承我。"或"你讨好我。"是非等值的。这说明等值翻译首先必须确保在意这一层次上对等，在这个前提下去寻求最佳译语。所谓直译和意译并非非此即彼的两种方法，而是代表着从义等着眼还从意等着眼的两个不同视角。意译以语用对等为着眼点，直译以语义对等为着眼点。请看Wet paint!的四种译法：

意等：1）勿触油漆！
　　　2）小心油漆！
义等：3）油漆未干！
　　　4）湿油漆！

1）和2）更多地着眼于意等；3）和4）更多地着眼于义等，但是惊叹号也起到"警告"的作用，因此兼有意等的成分。不过，4）虽最追求义等，却有点儿南辕北辙。"湿"并不完全等同于wet。wet在英文字典中的定义是"浸于或含有液体"。而汉语中的湿是指沾了水的或显出含有水分的。相比之下3）是意、义兼顾的译法。1）和2）也是可以接受的，而4）恐怕是操汉语为本族语的人所不能接受的。

依据以上关于形、义、意三个层次等值问题的分析，我们可以进一步说：1）以语言符号为媒介在两种社会文化间传递信息，绝对等值的翻译是不可能的；2）所传递的信息主要为意和义两个层次；3）信息的层次性决定了意等是翻译的最高准则，义等服从于意等；4）意等不仅是必须的也是可能的，绝对义等是不可能的；5）语言间的可译性在意的层次上最强，在义的层次上次之，在形的层次上最弱。至此，等值翻译的层次性、相对性及可译性之间的关系可图示如下：

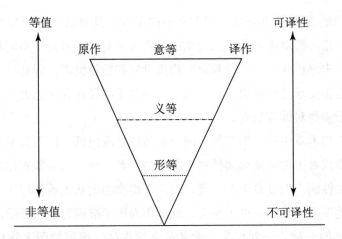

8.3 意、义、形与信、达、雅

本章前部分旨在说明：翻译是处理多源信息的复杂思维活动；由于所传递的信息具有层次性，而且不同语言的内在语义系统不同，等值翻译不可能在所有层面上实现；由于意是言语交际的核心信息，翻译的最高准则是追求功能的等同。这是基于现代语言学研究成果的结论。以此为参照来看我国传统译论可见惊人的相似之处，但也不排除有应当扬弃的成分。

严复的"信"表达了意等为最高准则的译学思想。"译文取明深义，故词句之间，时有所颠倒附益，不斤斤于字比句次，而意义则不倍本文"，"为达即所以为信也"，"信达而外，求其尔雅"。可见三字准则并非平分秋色。但他囿于文本中心论没能明确指出"信"实质上是对作者负责。"意"源于作者个体，"意等"实际上就是对作者负责。作者的意图对于译者来说是一种间接信息，并非忘文即知，而要通过综合分析方能推断出来。因此，要"不倍本文"必须与作者在心灵上沟通才能正确理解意图。"信"基本道出了功能对等为最高准则的思想。只是在信于什么（谁）方面没能道出实质，不能不说是历史的局限。

"达"是语义层面上应遵循的准则。"故西文句法，少者二三字，多者数十百言。假令仿此为译，则恐必不可通"，于是严复主张"译者将全文神理，融会于心"，"前后引衬"。可见"达"要求的是译文符合译语的语法语义规范。这实际上是要求译者对读者负责。译者不仅与作者在心灵上沟通，还必须与使用译语的言语集团沟通。因为义不同于意，具有群体认识特性，约定俗成，无法自造。要对读者负责就得知道读者（尤其与译者处于不同社会文化环境的读者）去怎样认识、划分和记载物质世界和精神世界。因此，"达"对译者提出的直接要求是两种语言文字的功力和关于两种社会文化的知识。这方面的不足会影响他对读者负责。

"雅"与本章中的"形"属于同一层面的对应问题，即语言形式和言语风格问题。形式对于内容就如属性对于本质的关系一样，二者紧密相关，但形式毕竟是从属性的。严复对于意、义、形三个层次的主从关系理解深刻，表达准确。但他笔下的"雅"字过于狭义，难以作为译学准则为后人接受。"雅"只不过是文体的一种。一部作品，尤其是文学作品，很可能因人物性格不同，所处场合不同，社会地位不同，受教育程度不同，各种文体交叉变换，岂能以一种文体译出。看来，"雅"作为翻译准则应扬弃。刘重德（1993）主张以"切"取而代之，不无道理。

风格一词是多义的，就翻译而言要保持原作的语言特色就是追求风格上的对应。"同一个诗人或作家可以有时严肃深沉，有时诙谐幽默；有时长篇大论，有时轻描淡写。他所要表达的思想或情绪不同，风格也就随之各异"（王佐良、丁往道，1987）。如此说来，"切"要求的是对原作的语言艺术负责。

风格与形式既有联系又相互区别。前者属于言语的范畴，后者属于语言的范畴。两种语言符号的差异决定了形等近乎于不可能，但这并不等于说译作的言语风格不能近似于原作的言语风格。既然属于言语的范畴，风格的变换依赖于对语言形式的选择，具体说来是对语音、词汇、句法、修辞手段和篇章结构的选择。所以说，风格的表现既依附于语言常规又偏离语言常规。鉴识原作的风格须对照原语的常规和作者运用语言的变异。在译作中再现原作的风格实非易事，因为要受到译语规范和两种语言形式差异的双重限制。能逼真到何等程度全凭译者创造性地运用译语的能力。所谓翻译是再创作也只能在这个意义上成立。

下 篇
语言理论与语言教学

第一章
语言能力观、交际能力观与外语教学

1.0 引言

语言能力的概念是乔姆斯基于1965年在《句法理论若干问题》一书中首先提出来的，交际能力的概念是海姆斯（D. Hymes）在1971年发表的《论交际能力》的论文中针对乔姆斯基语言能力的概念首先使用的。语言能力和交际能力两个概念实际上分别代表着唯理语言学和社会语言学两大语言学派的核心思想。其影响是深广的，这种影响主要表现在它们对于外语教学的启示。本章将着重阐述语言能力和交际能力理论给予了我们哪些启示，并在此基础上讨论这些启示引起我们对外语教学的思考。

1.1 语言能力和交际能力

语言能力指说本族语的人所具有的关于这种语言的知识，是大脑中内在化了的规则系统或语法。根据转换生成语法理论，一个本族语人的语言能力至少包括下面几种能力：

　　a. 区分语法句和非语法句的能力

　　b. 组合排列词和词素的能力

　　c. 区分结构歧义的能力

　　d. 区分同义句的能力

e. 区分句中语法关系的能力

f. 产生和理解无限可能的句子的能力

生成语法认为，语言具有创造性的属性。一个本族语人如具有上述的语言能力，就可以利用有限的语言规则生成无限的句子。语言学的目的在于说明语法规则怎样对这种能力作出解释，所以语言能力是生成语法研究的理论目标。

交际能力是针对语言能力的概念而提出来的。海姆斯认为把语言能力确定为语言学的研究目标，完全排斥了社会和文化的因素，继而他从文化人类学的角度讨论了"语言系统与交际系统"的关系，并把交际能力概括为四点：

a. 语法性：具有所说语言的语法和词汇知识，能够区分语法句和非语法句。

b. 可接受性：具有"说话规则"的知识，能够判断哪些语言形式是可接受的，哪些是不可接受的。

c. 得体性：知道如何贴切地使用语言，懂得怎样根据不同语境使用恰当的语言。

d. 有效性：知道如何使用不同的言语行为和对不同言语行为作出反应，以达到不同的交际效果。

上述四点可以用一句话概括，即交际能力指一个本族语人不但知道如何运用语法规则构成合乎语法的句子，而且知道在什么场合、什么地点、对谁讲话时使用这些规则的能力。

从语言能力和交际能力的基本内核来看，两者是截然不同的，但也存在某些共性。

（1）对语言能力的研究，是要回答"人为什么会说话？为什么能听懂别人说话？"的问题，而对交际能力的研究，则是回答"人怎样相互交谈，相互理解？"的问题。

（2）对语言能力的研究，标志着语言学研究的重心由外部语言转为内部语言，由研究语言现象转到研究大脑的语言机制，也就是说由描写转为解释。海姆斯等对交际能力的研究旨在寻求一个解释力更强的模式。交际能力的概念包括掌握语言运用规则的能力，因而它的解释范围扩大了。

（3）语言能力指的是一个理想化了的本族语人所具有的语言直觉，强调了语言的自然属性；交际能力指的是有效地使用语言进行社会交往的能力，更侧重于语言的社会属性。（尽管海姆斯的交际能力概念带有很强的内化色彩）。

（4）乔式语言观把语言能力看作是生物遗传所决定的天赋能力，海式语言观则强调语言运用能力是在社会交往中培养出来的。

基于以上几点，我们认为语言能力观和交际能力观既有区别又有联系。两者之间在解释范围上有宽窄之分，但在解释力上无强弱之别。由于两者从不同侧面去探讨语言的本质，它们对语言教学的启示也就都值得我们认真思考。

1.2 两种能力观对于外语教学的启示

1.2.1 语言能力观的启示

语言能力理论所提出的问题一直吸引着语言学家的注意力，同时也引起了应用语言学家和外语教师的兴趣。虽然迄今尚未出现一种以语言能力为理论依据的教学法，但语言能力理论对外语教学的影响是客观存在的。早在20世纪60年代，乔姆斯基在谈到生成语法理论的应用问题时，"语言运用的创造性方面，语言表现的抽象性，语言结构带有的普遍性，认知过程的内在机制作用"可能对外语教学产生影响。语言能力理论发展到今天已证明，它不是不可能对外语教学产生影响的问题，而是有什么影响和如何影响的问题。

（1）语言能力理论揭示了语言的创造性的本质，这在外语教学领域动摇了行为主义心理学把语言教学过程看作是一种"刺激—反应"过程的理论基础。乔姆斯基认为语言不是一种"习惯结构"，而具有一种创造性的属性。儿童可以说出从来没有说出的话，可以听懂从来没有听说过的句子，其原因在于儿童的语言习得是一种认知的心理创造活动，是有限规则的无限运用。这种创造句子的能力不是"刺激—反应"的结果，而是人脑具有产生这种能力的语言机制。如果这一假设正确的话，那么外语教学过程和语言学习过程就应是一个创造性的认知过程，那种以行为主义心理学理论建立起来的凭机械模仿、背诵类推去学习语言的方法是不可取的，教学过程应围绕开发学习者的认知能力来组织活动。简言之，教学过程不在于怎样传授语言知识，而在于如何开发潜在的认知能力。

（2）语言能力理论揭示了语言本质的另一方面的属性——语法的解释性，加深了人们对语法在外语教学中的作用的认识。传统教学过分强调语法，夸大了语法的作用；听说法出现以后，一度有人对语法的作用持怀疑态度，认为不学语法同样可以学好一门外语，就像儿童习得母语一样。生成语言理论发现儿童的母语习得也是受规则制约的，儿童之所以能创造性地运用语言是因为内在化的语法规则在起作用。这就促使人们对语法在外语教学中的作用重新予以评价。正如亚力山大（L. G. Alexander）所说的那样，"人们越来越认识到语法是必须要教的"，至于怎样教、教什么可另当别论。语言教学实践也告诉我们，学习者掌握一种语言的语法至少会帮助避免"只见树，不见林"的现象。所以，语言能力理论巩固了语法在外语教学中的地位，同时它启示人们思考在外语教学中怎样才能发挥语法在认知过程中的解释作用。

（3）语言能力理论提出了有关语言的带有根本性的问题，这些问题也是语言教学中应给予回答的。在外语教学中，有两个问题需要教师给予回答：一是教什么，二是怎样教。语言能力的内涵既揭示了语言教学的内容，也揭示了语言教学的方法，因而会帮助外语教师回答这两个问题。比如，"区分语法句和非语法句"是语言能力的一个方面，这会启示教师在教学中不但要注意句法规则的讲授，而且要注意句子错误分析。又比如语言能力包括"产生和理解无限可能的句子的能力"，即转换生成句子的能力，这会启示教师建立句子之间的联系，认识语言系统内部结构的关系。由此可见，语言能力的内涵可直接影响到教师的语言观，并通过教师影响到外语课堂教学。

过去，许多人曾试图把描写生成句子的规则直接用于教学，但没有取得满意的效果。我们认为，语言能力理论只能间接地对外语教学产生影响，即通过影响教师的语言观，进而影响外语教学。

1.2.2 交际能力观的启示

语言是一种社会现象，是人类最重要的交际工具。人们在一定社会中生活，仅仅会说话和听懂别人说话显然是不够的，还必须学会交谈。交际能力理论的建立弥补了语言能力理论的不足，它一经确立就受到应用语言学家和广大语言教师的重视，并迅速得到应用，欧洲共同体文化合作委员会在20世纪70年代所制定的功能意念大纲，就把交际能力理论作为制定大纲的理论依据。著名应用语言学家亚力山大和威多森（Widdowson）不但是交际能力理论的提倡者，也是其实践者。进入80年代，交际能力理论得到进一步的应用和发展，后来引起了我国外语教学界的高度重视。那么交际能力给予了我们哪些启示呢？

（1）交际能力理论改变了人们对学习一门外语的看法，既改变了语言教学观，也改变了语言学习观。既然语言是人类从事生产活动和社会活动的重要交际工具，学习一门语言就要学会利用这种工具来为实现人类的交际活动服务，而不再是像传统上人们所认为的那样，学习一门外语是为了"阅读"、"消遣"等目的。离开交际谈语言学习则失去了语言自身的意义。因此，外语教学应把培养学习者运用语言进行信息交流的能力作为教学目的。为保证这一目的实现，教学大纲的制定应以培养交际能力为主导思想，并以此来安排课程设置、教材编写、确定教学内容及方法等。

（2）交际能力理论使人们更加明确了"教什么"的问题。在外语教学中，一种语言的"组成规则"固然要教，但"说话规则"更应给予重视。学习者知道一个语句合不合乎语法只是一个方面的要求，更重要的是要学会运用语言进行社会交往。说话规则实际上就是交际时所必须遵循的语用原则，如合作原则、礼貌原则、话轮替换原则、末端中心、末端重量原则等等。语法规则和说话规则既相互对立又相互联系。语法规则是独立于语境的，不受语境的影响，而说话规则是从属于语境的，受语境的制约；另一方面，说话规则的运用不能超出语法规定的范围，否则将不能被接受。因此，只有掌握语法规则和说话规则并能正确地使用这些规则，才能把语言知识转化为交际能力。

（3）交际能力理论改变了教师评价学生的标准。如何评价学生的外语水平？其标准是什么？这是需要我们重新认识的问题。传统上衡量和评价一个学生的水平，主要看其词汇记忆得多少，语法掌握得牢不牢，语音、语调标不标准。这实际上是把语言知识掌握得如何作为评价学生外语水平的标准。如果把交际能力作为培养目标并以此来评价学生的外语水平，那么传统的标准显然是不全面的。按照培养交际能力的要求，评价学生外语水平的标准应是看能否运用所学到的语言知识进行有效的交际，也就是看一个学生的实际能力如何。这样的标准同时要求用于检验学生水平的语言测试也要做相应的改变，比如测试不能只包括语言知识的内容，还应包括实际运用语言能力的项目，记忆性的项目应占较小的比例。如果我们在教学中能以"能力"作为尺度来衡量、评价学生,那么就会有利于纠正高分低能的偏差。

1.2.3 交际能力的培养

培养交际能力现在已被广泛认同为外语教学的目标,但究竟怎样在课堂里培养学生的交际能力仍然是悬而未决的问题。70年代的交际法概括起来有两个途径:一是以功能意念大纲为代表的欧式交际法,强调教学内容的实用性;二是以萨维根(Savignon)的课堂活动改革实验为代表的美式交际法,强调调动学生的积极性和激发学生的学习动机。到了80年代初两种交际法大有相互渗透、融为一体之势。经过多年的实践检验,功能意念大纲也暴露了它的不足之处:从根本上说,它是"知识型"的大纲,还不能真正培养学生的交际能力,其弊病在于它没能反映人们用语言进行交往的能力。这就促使人们去寻求一个新的途径。于是后来又出现了任务型大纲(Task-based Syllabus)和过程型大纲(Process Syllabus)。

交际法的上述演变过程反映了一个不可忽视的事实,即培养交际能力必须从整个外语教学系统来着眼,必须从宏观上重新考虑教什么和怎样教的问题。

1.3 关于我国高校外语专业教学的思考

我国高校外语专业教学有明确的目的性,即要培养能用所学语言进行国际交往和信息交流的外语人才。但我们的高校外语专业教学存在着一个带有普遍性的问题:在传统外语教学体系的影响下,注重知识的传授而忽视能力的培养。绝大部分高校外语专业的毕业生到了工作岗位都需要一个很长的适应过程。如何改进高校外语专业的教学,尽可能地缩短这个过程,则是我们应该认真思考的问题。

我们认为,知识与能力既有联系又有质的差别。一个人的知识是从社会实践活动中积累起来的经验或从书本里学到的前人的成果,能力则是完成一定活动的本领。知识不会自然地转化为能力,只有把从社会实践活动中或从书本里获得的知识成功地应用于指导某种实践活动时,才表现为一定的能力。知识也只有当转化为能力时才表现其自身的实际价值。知识靠日积月累来获得,但能力只能靠在实际活动中逐渐地培养。语言知识和交际能力两者具有同样的关系。就拿英语人称代词he和she来说，初学英语的人谁都可以轻而易举地记住这两个词所指意义的区别，可是要在交谈中正确地使用这两个词并非那么容易。老师可以教给学生这两个词，学生也可以自己从书本上学到这两个词，然而只有在实际交谈中才能培养出准确地使用he和she的能力。由此可见，语言知识的积累是言语能力的必备条件，但不是充分条件。语言知识不能自然而然地转化为交际能力，要培养交际能力，必须经历一系列的交际实践活动。

外语专业的学生在课堂上从事什么样的活动是由教学大纲、教材和教师来决定的，也就是说大纲的制定、教材的编写和师资培训是整个外语教学系统的三大宏观控制手段。我国高校外语专业教学改革的根本问题就在于如何改进这三大控制手段，使之能促进课堂教学内容与方式的改变。

教学大纲的制定过去基本是以传统语言理论（包括结构主义）为依据的。当然，这种情况有其历史的原因：生成语法诞生30年后才引起我们的重视，功能语法在外语教学中的应用也只是在20世纪70年代初才开始的。然而我们必须看到以传统语言理论为依据的教学大纲的弊端。总的说来，传统式教学大纲的内容是按照语言知识设计的，而不是以培养能力为目标安排的。现行的大纲只规定语言知识内容，缺少言语功能项目。一个最值得探讨的现状是：所有的高校英语专业都使用一个统一的教学大纲。其有利的一面是便于统一控制，统一检测，但从培养能力这一目标出发，我们不难看出这种统一的大纲是不利于培养各种英语专门人才的。既然英语口译人员的能力与英语教师的能力是有区别的，学生在课堂上所从事的活动也应该各有侧重。这种差别在大纲里就应反映出来。尽管过去我国高校外语专业教学大纲历经多次修订，但没有性质上的改变。要注重能力的培养，大纲就应规定一系列的实际活动。这样一来，大纲作为一种宏观控制手段也必须在"放开"上做文章，即各类高校外语专业根据培养目标设计更具体的大纲。我们认为，对高校外语专业教学来说这不仅是可能的，也是可行的。

要使课程设计服从于培养"能力型"人才的需要，还必须注意研究各课型之间的横向关系。我国高校外语专业的课程可分为两种类型：理论课和实践课。过去的教学往往是轻理论重实践。理论课教学目的与自身的作用不符，其内容、方法陈旧。实践课虽受到重视，但其指导思想、教学方法还有待于更新。

翻开高校外语专业的课程表便会一目了然，理论课一般包括实践语音、实践语法、词汇学、普通语言学等。这些课程写在课程表上已多年了，但对于其合理性、目的性却很少有人问津。长期以来，理论课一直被认为是一种"知识型"课，其教学目的是向学生传授语音、语法、词汇等方面的语言知识。正因为在这种思想的指导下，语音、语法课前面通常被贴上了"实践"的标签，以突出"实践"的重要性，这种教学目的使理论课失去了其应有的作用，不利于培养"能力型"的学习者。理论课的教学目的究竟是什么？语言能力理论给予了我们极大的启示。语言具有创造性，语法具有解释性，因此，作为研究语言规律的理论课，应通过语言知识的教学开发学习者的认知能力，提供给学习者认识所学语言的一套理论方法，使语言知识转化为言语能力，从而发挥其理论的指导作用。

要把理论课从"知识型"转化为"能力型"，必须更新教学内容和方法。实践语音、实践语法应改为语音学和语法学。这样既可避免理论课与实践课在知识内容上的重复现象，又可发挥理论课自身的作用，学习者也不再感到乏味了。语言学课要反映当代语言学研究成果，如增加语义学、语用学、社会语言学、话语语言学等基本内容，语法课要增加转换生成语法、交际语法的内容。由于当代语言学研究的重心、研究的对象、研究的方法及研究的范围都发生了变化，所以教学方法也必须适应这种变化。《外语教学与研究》曾利用两期开展了在高校外语专业开设普通语言学课的讨论，这种讨论是非常有必要的，而且我们还要讨论如何教授语言理论课。总而言之，理论课应从"知识型"课转为"能力型"课，理论课的教学目的不应是单纯传授语言知识，而应是向学生提供一套认识语言的理论方法。

实践课也受到"知识型"教学目的的影响，强调培养学生听、说、读、写四个方面的技能是无可非议的，但是以往教学的出发点往往在于通过技能的训练给学生打下语音、语法、词汇等方面知识的基础，这种指导思想不利于能力的培养。按照交际能力理论，语言技能并不等于交际能力。威多森认为，传统上建立在习惯基础上通过听觉和视觉媒介实现的听、说、读、写能力只是语言技能，不能称为语言能力，只有建立在用法基础上的听、说、读、写，即能说出、写出、听懂或读懂一种语言，运用这四种技能达到交际的目的，才具有实际价值。换言之，实现其交际价值的听、说、读、写能力才可以称为交际能力。所以，我们的立足点应该是通过基本技能的训练，培养学生实际运用语言的能力。

从培养交际能力的目的出发，实践课的教学重点应从语音、语法、词汇转向有关语言使用方面的内容。这种转变要求在教学中要讲授语语言的不同变体以及不同语体对于词汇、结构选择的影响，认识语境、结构和语义的关系，要重视话语分析，注意篇章结构，掌握信息表现的一般规律，要讲授言语功能和行为，学会正确理解信息和交流信息，同时在教学中还应特别注意不同文化的差异和语言表达之间的差异。总之，实践课教学应重点解决语用问题。语言学习既有层次性，又有阶段性。高校外语系一、二年级的学生处于由低层次向高层次的过渡，由结构选择转向语义选择的阶段，联结这种过渡的桥梁是语用而不是语言本身。

实践课更应注意更新教学方法。由于受传统"知识型"课堂教学的影响，教师十分重视给学生提供语言知识，而忽视学生的语言实践活动。有一位外国学者在评论中国的外语教学时说，课堂上，教师是"上帝"，课本是"圣经"。这种以教师为中心，以课本为知识的教学模式应从根本上改变。教师不仅仅是知识的传授者，而且是课堂活动的组织者，教师要积极创造语境，引导学生积极参与教学活动。这就给师资培训提出了新的要求。

教材编写在我国目前情况下也是一种宏观控制手段。一本新教材总要反映语言研究和语言教学研究的新成果。如广外的Communicative English for Chinese Learners和北外的College English都不同程度地体现了交际能力理论的思想。但是有一个值得探讨的问题，可能也是一个有争议的问题——课文选材应全部是由外国人写的"原文"，还是应适当选编由中国人写的"译文"。近些年来的教材，包括一些好教材，虽然能注意到选材的多样性、语言的时代性，但缺少针对性。学习外语的目的是进行国际交往，一是为了获得国外的各个科学文化领域的信息，二是为了传播我们自己国家这些领域方面的信息。对于前者中国学生相对来说容易做到，但对于后者却有一定的困难。这就要求应在教材中适当编排一些中国人写的反映中国文化的文章，或选编一些外国人写的关于中国情况的文章。这是培养学生学会如何运用所学语言自由表达思想、传递信息的需要，而不是像过去人们所认为的中国人写的文章不是"地道"的英语，而是中国式英语（Chinglish）等云云。

师资培训是一个更直接更重要的宏观控制手段。教学大纲和教材只能从整体上笼统地回答"教什么"的问题。学生实际学到的知识和培养出来的能力在很大程度上也取决于教师的教学方法。教师组织什么样的活动，强调什么，忽略什么，这些方法问题既受内容的制约，又反过来影响实际的教学内容。从这层意义上说，我们认为通过师资培训来更新教师的语言观也是教学内容的宏观控制手段。

从另一层意义上讲，我们认为师资培训是推广新的语言与语言教学理论的重要途径之一。课堂活动的三大要素是学生、教师和教材。一本新教材可以把新的语言与语言教学研究成果带入课堂，在一定程度上可推动课堂教学的改革。但其效果在很大程度上取决于教师的语言与语言教学理论水平。如果教师对新教材的理论基础一无所知，很难想象他能根据编者意图和自己学生的实际水平去更新自己的教学方法。因此不难看出，要改革外语教学的内容和方法就必须注意更新教师的语言观和语言教学观。

近些年来，我国开始注意教学大纲的制定和教材的编写，成绩令人满意。然而从整个外语教学系统来看，这好比是一个人在单腿行进。由于历史的原因，过去的一些外语师资培训班差不多都是为了提高教师的外语水平。这无疑弥补了历史造成的不足，但同时又在造成新的缺欠。谁都不会否认，一个操本族语的人并不一定能教好他的本族语。因此，只注意提高外语教师的外语水平而不引导他们钻研语言与语言教学理论，我们就会培养出"缺腿"的外语教师，外语教学改革也就很难落实到课堂。教师的语言与语言教学理论水平只有与教学大纲以及教材的理论基础同步，才能取得理想的教学效果。因此我们认为有必要开展关于高师外语专业理论课教学的研究与讨论。

1.4　结束语

最后应当指出，将"知识型"的外语教学模式改为"能力型"的外语教学模式，要涉及的问题是多方面的，可能采取的途径也不一而足。但要从根本上解决外语教学问题，应把外语教学视为一项系统工程，并从这一概念出发，探索我国的外语教学模式。这个问题我们将在下章讨论。

第二章
外语教学-学习整体模式建构
——桂诗春"系统工程说"对于外语教学的启示

2.0 引言

外语教学和外语学习是外语教育过程的两种既相互独立又相互联系的活动。一般说来，人们只注意到相互独立的一面，而忽视了相互联系的一面。本章将从"系统工程"概念出发，讨论我国外语教学和外语学习的整体模式问题。

2.1 "系统工程"概念的提出

在西方，随着20世纪70年代后应用语言学的发展，外语教学研究集中在两大课题：教与学的理论和实践问题。与此相适应，出现了许多外语教学模式和外语学习模式，研究的重点在后者；80年代后的发展表明，外语教学研究无论在理论上还是在方法上都反映出综合发展的趋势。

在我国，外语教学研究的历史虽不短，但多半都是经验的思辨性研究，而不是科学的实验性研究。然而，进入80年代，情况大有改观。1980年6月，中国首届"应用语言学与英语教学"学术研讨会在广州召开，这标志着我国外语教学研究已进入一个新的阶段。虽然我国应用语言学研究80年代才开始起步，但近年来成绩斐然。这一领域研究的倡导者和实践者应首推桂诗春教授。

1987年，桂先生以《什么是应用语言学》为题，对应用语言学的定义、性质、特征及其发展作了全面概述；1988年，桂先生的《应用语言学》一书问世。作者对国外应用语言学研究的成果兼收并蓄，立足于我国外语教学的实际，系统、全面地向我国读者介绍了应用语言学的概貌。在上面提到的著述中，桂先生提出"应从系统工程的高度去认识应用语言学最基本的性质"，并解释了他的系统工程说。

"系统工程"这一概念，无论在当今自然科学领域还是社会科学领域都广为使用，例如，生物系统工程、化学系统工程、教育系统工程等。著名科学家钱学森就著有《论系统工程》一书。但称应用语言学为"系统工程"还是破天荒的第一次。这一概念在语言教学中使用，绝非是"鹦鹉学舌"，也不是滥用词藻，而是有其深刻的思想内涵。首先，"系统工程说"无疑是在吸收了现代科学研究的理论方法（系统论、控制论、信息论）的基础上提出来的，体现了现代科学研究的特点，即用整体的、联系的、动态的观点来观察、分析和解决问题。其次，"系统工程说"是在总结了国内外应用语言学研究的基础上提出来的。应用语言学是一门多学科性学科，或跨学科性的边缘学科，对它的界定仍存在很大争议。有的说，它是"一种活动"，有的说，它是"一种解决问题的业务"，还有的说，它是理论的"消费者"不是"创造者"。在众说纷纭的情况下，桂先生"冲破坚冰"，阐发了自己独到的见解，对应用语言学作了符合自身规律的界定。虽然桂先生的"系统工程说"仍需充实、完善，用王宗炎先生的话说，"还没有形成为自己学术研究的指导原则"，但这一概念用于外语教学研究却给人以极大的启示。

2.2 "系统工程"概念的启示

应用语言学有广义和狭义之分，我国的应用语言学指从狭义而言的外语教学。从这个意义上讲，桂先生的"系统工程说"反映了把外语教学作为系统工程来研究的整体教学观。

外语教学是不是一项系统工程？过去，人们对这个问题缺乏认识，甚至有外语教学"只有方法，没有理论"，就连"方法也是从西方借来的"等说法。现在对这个问题的回答，看来是肯定的。说外语教学是一项系统工程，因为它具备系统工程条件。根据桂先生的解释，这四个条件是：

（1）要素。系统必须由两个以上的要素构成。外语教学涉及的要素诸多，如教学大纲、教材、教师因素、学生因素、环境因素等等。

（2）结构和功能。系统必须具有一定相互联系的要素所组成的结构，并完成某种功能。整个外语教学活动可看作是由以"教师"和"学生"为核心的相关因素所组成的两个集合，前者称作外部结构，后者称作内部结构。外部结构完成外语信息输入的功能，内部结构完成信息输出的功能。

（3）目的性。作为系统的整体必须具有目的性。外语教学是以探讨外语教学内部规律性为目的的。

（4）阶段性和层次性。整个外语教学活动不仅作为状态而存在，而且具有时间性程序和空间性层次，即既有阶段性，又有层次性。

可见，外语教学完全能满足系统工程的条件。因此说，把外语教学作为"系统工程"来研究，是有科学依据的。

称外语教学为"系统工程"有何意义？这一概念的使用，意味着外语教学是一门有科学研究价值的学科，而且是一个宏大、复杂的技术性领域。桂先生在解释什么是系统工程时说："系统工程是研究过程的综合性技术。"这里"综合性技术"一词是关键。既然是"技术"，就应以科学的态度来对待，且又是"综合性"技术，就应从整体的系统观点来研究。其意义就包含在其中，给予我们的启示也包含在其中。

从"系统工程"的观点来看过去我国外语教学研究的状况，我们会发现：

（1）经验的思辨性研究多于科学的实验性研究。

（2）孤立的静态研究多于整体的动态研究。

（3）要素、内容、过程等的微观研究多于理论的、综合的宏观研究。

（4）外部因素（与教相关的因素）的研究多于内部因素（与学相关的因素）的研究。

然而，这种状况与外语教学的发展不相适应。为此，我们将依据"系统工程说"对于外语教学的启示，从系统、整体、动态的观点出发，提出我国外语教学—学习整体模式的建构，可以说是对桂诗春"系统工程说"的具体化、模式化。

2.3 外语教学—学习整体模式

外语教学—学习模式,不同于单一的外语教学模式,也区别于单一的外语学习模式。它是根据教学理论、学习理论和系统论把两者结合起来的整体模式。模式由四个部分组成:外部结构、内部结构、负反馈调节机制和环境。外部结构和内部结构作为模式中的两个核心部分在教学的不同阶段分别构成三个子系统,组成各子系统的要素是恒量,但要素的内容是变量,反映出外语教学的阶段性和层次性。测试作为负反馈调节机制置于模式中,这是模式的一大突破,它与输出有着直接的联系,与外部结构和内部结构存在着内在的或间接的联系。环境,指外语教学和外语学习的环境,置于模式的外围,说明了它和作为整体的外语教学系统之间的关系。

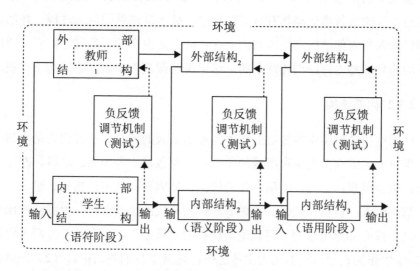

下面,我们将分别对构成模式的各个部分加以说明。

2.3.1 外部结构

外部结构是以"教师"为核心的相关因素所组成的集合,包括教学大纲、教材、教学方法、教学手段、教师素质等。外部结构作为整体直接控制着外语信息的输入。

那么外部结构中的诸因素哪个起主导作用?我们认为是教师或者是作为教师个人的素质。教师是教学活动的主体之一。教学大纲的制定、教材的编写,都要有教师参与；教学方法的选择，教学手段的利用，都要由教师施行，尤其教师作为课堂活动的组织者，直接关系到外语信息输入的质和量。把教师作为这一部分的核心，就是为了突出教师的作用。教师的作用具体体现在他／她所担任的角色。西方有学者认为教师担任三种角色：语言使用者、语言分析者和语言传授者。而一个教师能否承担起所担任的角色，取决于教师个人的素质，包括思想素质（对教师工作的兴趣、态度）、能力素质（外语水平和教学艺术）以及文化素质（对民族文化和所教语言国家文化的修养）。由此可见，培养合格的外语教师，提高外语教师的素质，对于外语信息的输入至关重要，尤其在我国的国情下，外语信息的输入主要通过课堂活动的正常渠道进行，教师的作用就显得更突出。

模式中的外部结构1、外部结构2、外部结构3分别表现为在不同教学阶段的状态，反映出教学活动具有时间性程序，处于前进性的运动过程。外部结构是通过输入与内部结构产生联系的，这种联系是内在的。换言之，它是通过课堂活动的环节与内部结构相联系的。这也说明课堂教学研究必须给予重视。

2.3.2 内部结构

内部结构是以学生为核心的相关因素所组成的集合，或者说它是由与学生个人素质相关的众多变量所组成的集合，主要包括心理因素：动机、态度、兴趣等；生理因素：智力、天赋、年龄等；认知因素：观察、感知、组织、分析等；情感因素：自信、怡情、焦虑等。作为模式的核心部分，内部结构比外部结构这个核心部分更重要，可以说是核心的"核心"。这可从三方面来解释：（1）学生作为教学活动的两大主体之一，是教学目的的归宿。（2）外语教学研究主要是探讨输入和输出的综合过程，即了解内部结构。（3）输入的信息能否被吸收，或在多大程度上被吸收，取决于内部结构。正因为如此，西方的外语教学重心从60年代后已转向学生，强调在教学中坚持"以学生为中心"的原则。与此相适应，外语教学研究的重心也发生了转变，出现了许多以研究学生因素为主流的学习模式。目前，对内部结构的研究，主要是去发现决定或影响外语学习的因素。

内部结构与外部结构有着本质的区别。从表面上看，内部结构表现为由学生相关的诸因素所组成的集合，但实质上它是"大脑机制"或曰"语言机制"。在尚未揭开大脑,"黑箱"之迷以前,我们只能研究可观察和分析的那些决定学习的因素,以不断总结内部规律。所以,在研究输入和输出的综合过程时,可把内部结构作为"黑箱"来处理,即只关心输入和输出的变量,或者根据测定的变量找出我们感兴趣的因素。

内部结构好比一个"过滤器",输入的信息经过它筛选后才被输出,但输入能否顺利通过,取决于这个过滤器的规格、型号。它又好比一台机器,输进的原料按照机器的性能会被加工成事先预想的产品。这说明信息的吸收或获取,关键取决于学生个人的素质。因此,必须重视学生素质的培养。

模式中,内部结构的两端一头是输入,一头是输出,表明了三者之间的联系:输入影响或制约着内部结构,而内部结构决定着输出。输出经过负反馈调节机制——测试的检验,反作用于外部结构。内部结构随教学阶段的不同,也表现为三种不同的状态,低一阶段的输出表现为高一阶段的输入,说明学生对语言的掌握也有阶段性。

2.3.3 外部结构和内部结构的关系

从模式中看出,外部结构和内部结构在系统中又构成子系统,随教学阶段的不同,这个子系统表现为三种不同的状态,形成三个子系统。教学阶段是依据语言理论和学习理论来划分的。按照语言系统的三个层次划分为语符阶段、语义阶段和语用阶段。这种设计突破了传统上孤立地、分离地研究外语教学模式和外语学习模式的束缚,也突破了传统上教学阶段性的分界线。这样,不仅突出了"教"与"学"之间的联系,而且符合语言、语言教学和语言学习三者之间的内在联系。

外部结构和内部结构是两个既相互独立,又相互联系、相互依存的统一体。教学规律的总结依赖于语言学习规律的发现,语言教学要以语言描写、语言理论为依据,语言学习也要遵循语言的自身规律。决定语言学习的因素,也必然是反作用于语言教学的因素。实际上,语言教学和语言学习是同一事物的两个方面。因此,外部结构和内部结构的有机结合是可能的。

整体大于部分之和,这是人所周知的哲学道理。整体之所以大于部分之和,是因为当构成整体的部分相互联系、相互作用,形成最优化结合时,就会产生大于整体的综合效应。我们必须寻求探索外部结构和内部结构达到最优化结合的途径，外语教学规律存在于两者的结合之中。虽然我们尚不能提出具体办法，但有一条可行的途径，这就是要重视培养外语教师树立整体的教学观和语言观。

教学观指对教学活动的总的看法，语言观指对语言规律的一般认识。教学计划的安排、课堂活动的组织、教学内容的取舍、教学方法的选择等等，都离不开教学观和语言观的指导。一个教师具备了整体的教学观和语言观，在教学实践中就可自觉地探索使外部结构和内部结构达到优化结合的途径。此外，还应注意到，外部结构的构成要素相对来说是恒量，而内部结构的构成要素却是变量。因此，前者应努力适应于后者。认识到这一点，对于寻求优化结合的办法，也会有所帮助。

2.3.4 测试——负反馈调节机制

作为整体的外语教学系统，具有"内稳态"的性质，即构成系统的要素无论发生多大变化，教学活动所必须达到的目标值保持稳定。维系系统的存在和发展需要有调节机制，比如在经济系统中，市场是维系经济系统存在和发展的调节机制。我们把测试作为负反馈调节机制置于模式中，这是理论上的一大突破。

测试可测量达到目标的程度，通过检验输出的效果，提供反馈，然后反作用于外部结构，进而调节输入和输出的关系，起到调解系统内部关系稳定的作用。

测试通常看作是教学活动的一个要素，与其他要素平行，这实质上抹杀了测试的作用。模式明确把测试作为负反馈调节机制，揭示了它的本质特征。测试的作用实际上已被引起注意，我们只是进一步明确了它的性质。但要更有效地发挥其作用，还必须加强对测试的形式、内容、方法等的科学研究，使其逐步达到标准化、科学化。

2.3.5 环境

环境，从广义上讲，指对外语教学和外语学习产生直接或间接影响的因素，包括社会、文化、经济、学校、家庭等等。从狭义上讲，指社会环境——学习外语的社会气氛。模式中，环境用虚线表示，置于外围，说明整个外语教学活动和学习过程都处于一定的环境之中。我们认为环境对外语教学系统的影响，有时表现为直接的，有时表现为间接的。环境对信息的输入和输出都会产生影响，尤其社会环境产生的影响最大。

我国的外语环境随着国际间文化和科学技术交流的频繁开展，有了很大改观，但由于我国的国情所决定，学习者吸收或获取外语信息的渠道主要来自于学校的课堂，而不是社会。在外语教学中，注意环境的影响，有利于开展带有针对性的活动，以调动学生学习的积极性和主动性。

2.4 结束语

本章受"系统工程说"的启示，在参阅国内外有关文献的基础上，提出了我国外语教学–学习整体模式的建构。模式的合理性和可行性还有待于在调查研究的基础上给予验证。

第三章
师资培养的宏观控制作用

3.0 引言

外语教学是一项系统工程,师资培训是其中一个重要环节,这一观点早已被我国外语教学界的有识之士所接受。然而对高师英语专业教学的理论探讨还处于萌芽阶段,在实践上存在着终极目标模糊、课程设置随意性较大等问题。1990年5月在苏州召开的高师英语专业高年级教学研讨会是一个良好的开端。与会者探讨了师范英语专业教学的共性问题。师范英语专业的特点是什么?应如何体现师范性?这是事关高师英语专业教学改革方向的问题,也是事关我国基础外语教育水平的问题。不从理论上和实践上解决这些问题,"培养合格的中等学校英语师资"这一目标的实现就无法得到保证。本章拟从外语教学系统工程的角度来分析高师英语专业教学的宏观控制作用,探讨高师英语专业教学的特点,并在此基础上提出改革师范英语专业教学的设想。

3.1 从外语教学系统论看师资培养的宏观控制作用

外语教学也和其他学科的教学一样是有目的、有计划的系统性活动。它的目的是要满足社会对外语人才的需求。教或不教某种语言,教哪些人,在某个阶段应达到什么水平,这些并不是决策者随心所欲决定的,而是经过调查和估测后以政策的形式规定下来的,是与国家总的方针政策吻合的,是为达到总的经济和政治目标服务的。在调查研究的基础上做出这些决策是外语教学的第一个环节。

第二个环节包括两项并行的活动：一项是大纲的制定和教材的编写；另一项是师资的培养。这两项活动都直接受第一个环节制约，都是为实现外语教学的社会目的服务的。同时这两项活动又以相关学科（语言学、教育学、心理学等）的理论为指导，二者是正规外语教育的中介，是课堂教学的宏观控制手段。

第三个环节是课堂教学。决定课堂教学效果的三大直接因素是教师、学生、教材。三者之间相互作用，相互影响。教师既是课堂教学活动的参与者，又是设计者和主持者，是起主导作用的因素。

第四个环节是测试。测试是用来衡量外语教育目标实现程度的手段，但它对课堂教学起着不可忽视的导向作用，同时它也为其他环节提供信息反馈。

这个模式（见图1）基本上显示了以计划经济为基础的教育体制下的外语教育系统。一般说来，第一个环节回答了"为什么教"的问题，第二个环节则要从宏观上解决"教什么"和"怎么教"的问题。

大纲和教材是教学内容的宏观控制手段。我们国家十分重视大纲的修订和教材的更新，这对改革基础外语教育起了促进作用，但是仅重视这一宏观控制手段是不够的。实践证明，规定的内容与实际教学内容之间总是有差距的。前者写在纸上，后者体现在教学过程中。教师确定的教学重点，采用的操练方式，设计的课堂活动类型都决定着实际教学内容。换言之，采用的不同教学方法实际上直接影响到教学内容。因此可以说，要把基础外语教育改革落实到课堂，就必须在重视大纲和教材更新的同时也注意研究师范外语专业的教学，充分发挥师资培养这一环节对课堂教学的宏观控制作用。反之，要探讨师范英语专业教学改革的方向也应从师资培养在整个外语教学系统中所起的作用这一基点出发。

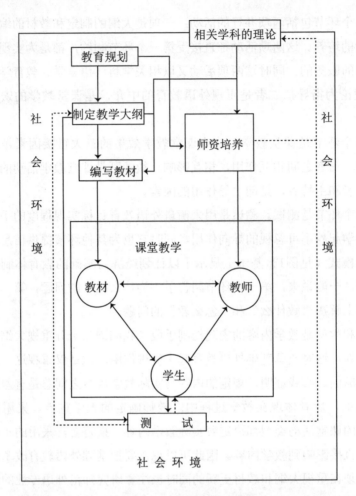

图1 外语教学系统示意图

3.2 英语教师的工作角色与高师英语专业的课程设置

上面已经提到，师资培养也是一个重要的宏观控制手段，教学大纲和教材只能笼统地回答"教什么"的问题。学生实际学到的知识和培养的能力在很大程度上也取决于教师的教学方法。由此便可得出这样一个结论：高师英语专业教学的目标是要培养出会教英语的专门人才。师范英语专业的特点是由其培养目标决定的。高师英语专业的毕业生需要掌握六种技能：听、说、读、写、译、教。

英语教师需要掌握这六种技能，因为教师在教学过程中同时充当三个角色。一是英语使用者。教师需要以英语为媒介来传授知识、组织课堂活动、与学生进行情感和信息交流。自不待言，教师的英语应该准确、得体、流利、地道。二是英语分析者，教师需要对学生的话语或作文作出评价，对学生的疑问作出回答，并常常要解答学生的"为什么"。也就是说教师不仅知其然，还要知其所以然。这就要求英语教师必须从整体上把握英语语符系统及其使用规则。教师要掌握的不只是英语这一自然语言，还包括元语言（即关于语言的语言）。与口、笔译工作者或导游相比，英语教师就需多掌握一套符号系统，否则就无法成功地充当英语分析者这一角色（例如有一名实习教师称专有名词为special noun，使其学生茫然不知所云）。第三个角色是英语传授者，其面临的直接问题是怎么教英语。

然而，"怎么教"的问题并不是一个简单的方式方法问题。20世纪70年代以来某种教学法一统天下的观念已荡然无存。人们对外语教学法的内涵有了新的认识。理查兹（Richards）和罗杰斯（Rogers）（1982）认为教学法是三部分构成的一个系统，其中包括理论基础，内容设计和教学步骤。这种广义的理解把课堂上进行的活动与组织这些活动的指导思想和内容的选择以及三者间相互制约的关系融为一炉，真实地反映了外语教学的实际。国内的学者也提出了类似的观点，认为外语教学法的内容既有原理、原则，又有具体的方式方法（王武军，1982）。据此可以说，怎样教好英语的答案是无法直接从书本中找到的。教必有法，教无定法。调查结果表明，那些灵活地执行教学大纲、采用多种操练方式和教学辅助设备的教师教学效果普遍都好（Politzer and Weiss，1969）。在新的教材教法层出不穷、百花争艳的情况下，许多外语教学法名家都提倡教师采取折衷法（或称综合法）。这就要求教师综合考虑学生的特点、学习目的及教学内容诸因素后设计出最佳方案，在实施中还需不断地检查、验证甚至修正自己的方案。因此可以说教师总是自觉或不自觉地应用着某种理论。"无论他怎样对理论不感兴趣，没有一个教师能抛开语言教学理论去从事语言教学"（Stern，1983：27）。

具体说来，真正掌握了教的技能，一个外语教师应该做到下述五点：1）熟悉大纲的内容和理论基础；2）能驾驭教材。正确选定教学重点，并根据学生的实际补充必要的练习；3）能根据教学内容、教学对象和辅助设备选择教学方法，优化教学过程；4）了解外语学习的心理因素，善于激发学生的学习动力；5）能诊断并科学地区别对待学生的语误。

英语教师能否做到这些在很大程度上取决于他们自己在学习期间所受的教育和训练，取决于是否具备充当三种角色所必须的知识和技能。因此应认真研究高师英语专业的课程设置。现行教学大纲规定的专业课程可归为四种类型：语言技能课（综合英语、泛读、听力、口语、影视、翻译、写作、实践语音等）；文化知识课（英美概况、英国文学、美国文学、报刊选读、科技英语、欧洲文化入门、世界文学名著欣赏等）；语言理论课（语言学、句法学、词汇学、文体修辞等）；语言教学理论与实践课（教材教法、外语教学法流派、教育实习等）。

对于英语使用者的口、笔译工作人员来说，主要学好前两类课程就可基本达到要求；而同时充当三种角色的英语教师则必须学好全部四类课程。由此可见，要突出师范英语专业的特点，就必须加强语言理论和语言教学理论与实践课程。

3.3 改进措施

近年来我国在大纲的修订、教材更新、测试改革等方面的成绩令人鼓舞。然而用本章第一部分中的外语教学系统论来看，只有当师资培养与其他宏观控制手段同步运行时才能取得理想的基础外语教育成果。基于这一点和我国高师英语专业教学的现状，我们认为改进英语师资培养这一环节应从以下几方面着手。

（1）有关部门应组织制定高师英语专业提高阶段教学大纲，具体规定培养规格，明确各类课程的比例及各门课程的教学目的与要求。

（2）在提高阶段突出语言理论和语言教学理论与实践课的地位。语言理论课不仅要重视传授语言知识，还要注意培养学生的语言洞察力，引导他们领会语言理论对语言教学的启发意义。

（3）注意研究基础阶段与提高阶段某些课程的纵向联系，尤其要注意对泛读课选材的研究。泛读课对于发展阅读能力和积累文化知识起着特别重要的作用。在基础阶段不仅要注意阅读量和阅读速度，还要注意阅读的范围。阅读材料应尽量多选涉及高年级课程主题的作品，使学生在培养阅读能力的同时积累必要的基础知识和词汇。

（4）注意研究各级教学的侧重点。比如在基础阶段前期围绕语符系统侧重语音、语调和组句能力的训练，后期围绕语义和语用系统侧重话语能力的培养。

（5）加强技能课的教学。师范英语专业的学生普遍存在着所谓"回生"现象，即学生到了高年级，英语听、说能力下降的问题。我们认为这只是表面现象，其实质是基础阶段的技能没有达标。相当一部分学生只记住了英语的规则而没有真正掌握运用这些规则的技能（按美国心理语言学家克拉申（Krashen）的观点就是learned but not acquired）。一般说来，目前师范英语专业的学生学习动力不足，课外使用英语进行交谈的积极性不高。因此，师范英语专业尤其有必要加强听力、口语、影视、泛读、写作等技能性较强的课程。在全国各类高校英语专业统一使用一个基础阶段教学大纲的情况下，高师英语专业应根据各自的具体情况制定大纲实施细则，以明确各门课程的教学目的与要求。

第四章
语言理论与英语师资培养

4.0 引言

我国的英语教学在近几十年来发生了较大的变化。许多新的外语教学理论和方法开始产生影响。但是,"从目前师资条件和传统的影响来看,希望在全国范围内在英语教学方面有迅速的变化是不现实的。……相当一段时间内,大部分院、系英语教学仍然会是原来的局面,只是师资力量较强和新思想影响较大的单位有可能进行教学方面的深刻改革,创造出生动的、活跃的局面"(胡文仲,1986)。也就是说,我国英语教学效果的普遍提高在很大程度上依赖于英语师资培训的改革。

由于历史的原因,我国过去数年来各种类型的师资培训班不得不把提高英语教师的听、说、读、写能力作为主要的或唯一的目标,很少注意他们语言与语言教学理论水平的提高。在高等师范院校英语专业的课程设置中语言理论课也没占应有的地位。结果绝大部分教师对新教材教法的理论基础很陌生,教学上难免穿新鞋走老路。多年前一组英语教学法专家应我国教育部的邀请来华考察了英语教学情况。他们的结论是我国英语教学方法陈旧,中学英语教学尤其如此(Cowan et al, 1979)。国内的一些调查也说明重点没有放在实际掌握上。实践证明,如何认识语言与语言教学理论在外语师资培训中的地位是一个不可忽视的问题。本章拟从外语教学发展趋势和外语教学实施过程两方面来讨论外语教师掌握语言与语言教学理论的必要性,然后就如何加强语言理论课的问题谈一点认识。

4.1 外语教学发展的趋势要求教师掌握语言与语言教学理论知识

教师要掌握语言与语言教学理论知识是外语教学发展所带来的必然要求。过去人们曾有过一种错误的认识，以为只要你懂那种语言就自然能教好那种语言。很早以前就有人指出这种认识是不符合实际的，而且明确提出语言教师也必须是受过专门训练的（Kelly，1979）。20世纪初英国教育机构的一个检查团对当时从事外语教学的大学法语专业毕业生曾作过这样的评价："最明显的不足之处不是语言本身的掌握而是教这种语言的艺术"（Hawkins，1981）。外语教师应受的专门训练不局限于对所教语言的掌握，对这一点内行人显然早就认识到了。

外语专门训练的内容应该包括什么？人们对这个问题的认识也是逐渐提高的。20世纪50年代里许多国家外语师资培训主要是指熟练掌握所教的语言和学会使用某种教学法。直到60年代某种教学法一统天下的观念才被冲破，人们对教学法的认识更深刻了。归纳起来其原因大致有以下三个方面。

一是对外语教学法的剖析。麦基（Mackey，1965）认为任何一种教学法都包括材料的选择，内容的排列，课堂演示和重复操练这些基本环节。在这种观点的影响下，教学法只指课堂教学手段和步骤的狭义理解大有被取而代之之势。理查兹和罗杰斯（Richards & Rogers，1982）认为教学法是由三部分构成的一个系统。这三部分是理论基础，内容设计和教学步骤。这种广义的理解把课堂上进行的活动与组织这些活动的指导思想和内容的选择以及三者间相互制约的关系都融为一炉，比较真实地反映了外语教学的实际。国内有的外语教学法专家也提出了类似的观点，认为外语教学法的内容"既有原理、原则，又有具体的方式方法"（王武军，1982）。既然教学法反映的是一个系统性的活动，那么教师就应该了解该系统的各个因子。这一点下文将详细交待。

二是继乔姆斯基抨击了听说法的行为主义理论基础后新的教学法层出不穷（如暗示法，默教法，全身反应法等等），使得外语教师感到莫衷一是。于是折衷法（或称综合法）又应运而生。在外语教学界颇有影响的里弗斯（Rivers）教授旗帜鲜明地提倡教师采取折衷法。她认为教师们无暇去完全效仿每一种新教法，他们应该针对自己的情况博采各家之长。这种倡议不无道理，引起许多外语教师的共鸣。但折衷法对教师提出了更高的要求，它要求教师有较高的语言和语言教学理论水平以及独立思考能力。否则就会随波逐流，盲目地而不是有原则地选择教学法。

三是一些对优秀外语教师的特点的调查表明，教师的素质是影响外语教学效果的更重要的因素。波利策和威斯（Politzer & Weiss，1969）对教师特点和学生成绩之间的关系进行了调查。其结果说明那些灵活地执行教学大纲，采用多种操练方式和教学辅助设备的教师教学效果普遍都好。据此他们建议在师资培训中要注意培养教师的灵活性。此后也有不少类似的调查，结果都强调教师要具备独立思考的能力，要灵活运用教学理论和方法。

以上三个方面反映了一个趋势，即外语教师应该有主动权，应左右教法和教材，而不是相反。进入20世纪80年代以后新教材教法更是百花齐放，争相斗艳。一些新教材所包含的语言层次要远远超出传统的教材。拿以功能意念大纲为基础的《主导英语》为例，它包括了言语功能、一般意念、特殊意念、场景、交谈人的社会地位、性别和心理因素、语体、语法、词汇、重音和语调等九个层次，比传统教材（只包括语法结构和词汇）多出七个层次。显然教师只有传统语法知识就不能灵活地使用新教材。许多新教法（如全身反应法，默教法，咨询法等）也一改过去以怎么教为研究中心的传统，立足于对怎么学的研究上。这种形势要求当今的英语教师有一定的语言教学理论水平，对新教材和教法能分析鉴赏。培养教师们根据工作对象灵活地执行大纲，使用教材和选择教法的能力已经势在必行了。这就要求我们在师资培训中不仅要提高他们运用英语的能力，还要注意向他们传授现代语言与语言教学理论。

4.2　语言与语言教学理论贯穿整个外语教学过程

外语教学也和其他学科的教学一样，是有目的、有计划的系统性活动。作为一个系统它在实施中有其独特的问题。在研究解决其中一些核心问题时，教师和有关人员离不开相关学科的有用信息。下面结合外语教学的实施过程来简要说明一下语言与语言教学理论的作用。

外语教学的出发点是要满足社会对外语人才的需求。教或不教某种语言，教哪些人，在什么阶段教，该语言在教学计划中占多大比例，这些显然都不是领导者随心所欲来决定的，而是经过调查研究以后以政策的形式决定的，是与国家总的方针政策相吻合的。外语教学的这种高度目的性和计划性历来不乏其例。我国俄语教学的兴衰和英语教学近年来的广泛展开就能说明外语教学的目的性。以政策的形式来规定教某种语言并确定要达到的目标，可以视为外语教学系统的第一个环节。在这里，社会语言学家的某些研究（如对不同语言的分布情况及其功能的研究，对这些语言在社会的政治生活、经济贸易和对外交往中所起的作用的研究）成果可以为决策人提供信息。同时这些研究成果也有助于教师充分理解外语教学的社会意义。

第二个环节包括两项并行的活动：一方面是大纲的制定和教材的编写；另一方面是师资培训。这两项活动直接受第一个环节制约，同时又以相关学科（语言学、教育学、心理学等）的理论为指导。换句话说，教学大纲和教材是外语教学的总目标和有关理论相结合的产物（例如20世纪70年代流行的功能意念大纲就是以促进欧洲共同体文化委员会成员国之间的交往为目的、以功能语法理论为指导的产物）。大纲和教材能否取得预期效果关键在于师资的质量。如果教师对教材的理论基础一无所知，就很难取得好的教学效果。因此，在语言与语言教学理论的研究和运用上二者应该是同步的。

我国近年来比较注重第一方面的理论研究和运用，表现在大纲修订较快，新编教材种类增多。但必须指出的是：新思想在课堂教学中产生影响仅仅靠教材的改革是不够的，真正的教学改革有待于教师语言观和语言教学观的改变。正如著名应用语言学家科德（Corder，1973：1）指出的："我们处理工作的方法会受到我们对语言的看法的影响，也即受到关于语言的某种或几种看来和我们面临的特定问题有关的非正式理论的影响，甚至取决于这些理论。"

第三个环节是课堂教学。一般说来，教师、学生和教材是决定教学效果的三大直接因素。教师既是课堂活动的参加者又是设计者和主持者。他面临的直接问题是怎样教好英语。但这个问题的答案是无法直接从书本中找到的。教师必须综合考虑学生的特点、学习目的以及教学内容诸因素后设计出最佳方案。在实施中还需不断地检查、验证甚至修正自己的设想。因此可以说教师总是自觉或不自觉地应用着某种理论。"无论他怎样对理论不感兴趣，没有一个教师能抛开语言教学理论去从事语言教学"（Stern，1983：27）。

从外语教学的实施过程可以看出，语言和语言教学理论是一种潜在力量，它通过教师和教材来间接地支配外语课堂的活动。既然教师在课堂上起主导作用,帮助他们树立科学的语言和语言教学观就是师资培训中一项不可忽略的任务。

4.3　语言与语言教学理论课亟待加强

从以上关于外语教学实施过程的简要叙述中可以看出三个必须解决的核心问题:为什么教?教什么?怎么教?从表面上看,教师只需要研究怎么教的问题,而实际上他们需要在教学实践中不断探讨这三个问题以及它们之间相互制约的关系。高师英语专业开设的语言理论课应该有助于教师思考这些问题。

对"为什么教"的问题的回答,仅仅停留在口号式的程度上,还不足以帮助教师认识外语教学的教育意义。教某种语言的社会目标,影响着但不等同于学生的个人学习目的。学生学外语的目的也并非都是明确的。或为出国深造,或为提职,或为直接获取科技信息,成年人学外语的目的一般是明确的。而如何激发中小学生学外语的动力,却不是一个简单的问题。有人研究过外语学习的动机,认为无外乎有两种倾向:一是把外语作为工具来学;二是把学外语作为打入异族的途径。但也有人认为这两种都不足以解答中小学生为什么要学外语的问题,主张从学生全面发展的需要来解答外语学习的教育意义。社会要求绝大多数学生将来能使用外语进行交际,而在学期间他们很少有机会真正把它作为工具来用。因此,许多学生表现出学习动力不足。我国和其他一些国家的中小学外语教学都遇到了这个问题。1978年颁布的《中小学英语教学大纲(试行草案)》也要求把英语作为一门工具来教,然而这只不过是英语教学的最终社会目的。要把这一社会目体现在教学过程中,教师必须真正懂得外语学习的教育意义。英国一位法语教师在一次学术讨论会上说:"如果我们知道为什么要教法语,就能教好法语。"这话虽然有点过头,倒也说出一个道理,即教师也必须深入研究为什么教的问题。这就要求教师不仅要懂教育学,还要有语言与语言教学理论知识。教师有必要探讨语言的社会功能,语言与文化,语言与思维等语言学和社会语言学问题。

"教什么"的问题大体上是由教学大纲和教材来回答的。但是,教师在教学中还必须接触这个问题。外语教师们都觉得找不到一本完全令人满意的教材。事实上根本不可能有，因为编写人员对使用者的程度、兴趣、要求等的估计不可能完全符合实际情况。教师总要修补教材的内容，总要根据学生的实际掌握情况和教学目的来确定重点。然而我们许多中学英语教师还不善于这样做。据调查，有70%的中学英语教师只重视句型教学，不注意课文的讲解（黄兆文，1984）。而教学大纲明确规定中小学英语教学要重点培养学生的阅读能力。这反映了我们不少教师在教学内容的选择和教学重点的确定上还有很大的盲目性。要帮助教师科学地解决教什么的问题，在师资培训中很有必要向他们介绍有关的应用语言学理论。

"怎么教"是教师面临的更直接的问题，但是上文提到了，这个问题是不能孤立地来回答的。教必有法，教无定法。对它的回答，除了受前两个问题制约外，还取决于教学对象的特点以及教师对第二语言学习过程的认识。我们都知道，只管教不管学的我行我素的教师是不会取得好的教学效果的。教师需要研究工作对象的特点、兴趣以及影响他们的文化、心理因素。除此之外，教师还要不断探讨第二语言是如何习得的这样一个问题。知道是怎么学得才更清楚应怎么教。近年来关于语言习得和语言学习的研究成果很值得外语教师参考。因此，有必要向高师英语专业的学生传授心理语言学知识。

既然外语教学工作要求教师不断研究以上三个互相关联的核心问题，那么就有必要重新考虑高师英语专业的语言与语言教学理论知识结构。目前我国高师英语专业尚没有一套根据自己培养师资这一特定目标制定出来的统一的教学计划，所开课程除教育学、心理学和教学法外与其他类型的外语院系基本雷同。这样，毕业生对外语教学中必须回答的问题没有思想准备，也缺乏一定的理论知识来指导教学实践。要改变这种局面，必须加强语言与语言教学理论课的教学。这将涉及许多问题，本章不可能逐一探讨。笔者仅就扩展语言理论知识面的问题谈一点看法。

基于以上关于外语教学发展趋势对外语教师的要求和外语教学过程中所要回答的问题，我们可以提出下述语言与语言教学理论知识结构：1）英语语言知识；2）语言学知识；3）语言教学知识。

英语语言知识指的是有关英语语音、语法、词汇、语义、文体及英语史方面的知识。英语教师既教英语又学英语，既使用它又研究它。系统了解这门语言的构成及其运用方面的知识无疑会有助于教师掌握教学内容，准确判定学生的语误及其原因。这方面的知识大体上受到了重视，这里不再赘言。

语言教学知识可以通过英语教学法、英语教材分析和外语教学史几门课程传授给师范英语专业的学生，使他们对外语教学的目的、内容和方法有所了解。教学法这门课近来受到了重视。但是，指望仅在这门课上解决怎么教好英语的问题是不现实的。目前不少师范院校英语专业开了教学法但没开语言学，这样就给教学法的讲授带来了一定的困难。学生不了解某种教学法的理论基础就不易抓住它的实质，更难谈得上博采各家之长灵活运用。

因此，语言学知识的传授应引起足够的重视。语言学在这里不仅指理论语言学，还包括以研究语言为己任的边缘学科，如心理语言学、社会语言学和应用语言学等。语言教学中包含一系列有关语言的理论问题。语言的本质是什么？语言的功能是什么？人是怎样通过语言进行交际的？一个人的交际能力（communicative competence）是由什么构成的？它是怎样获得的？诸如此类的问题语言教师是无法回避的。这些是语言学家们不断探讨的问题。正是这些双方共同关心的问题把语言学家的工作和语言教师的工作联系了起来。然而长期以来语言学知识的传授并没有在高师英语专业的教学中受到应有的重视。语言学在我国英语师资培训中尚无一席之地，连外国学者也为之鸣冤叫屈。

美国一份调查报告的结果表明，四大主干课程按重要程度应是这样排列的：1）教法和教材；2）语言学；3）教育学；4）文学。这和我国师范院校英语专业的实际情况大相径庭。可见语言与语言教学理论课在我国高师英语专业课程设置中的地位还有待提高。

由此看来，在英语专业教学计划中仅把教育课程和实习列为必修是不足以充分体现师范英语专业的特点的。既然语言和语言教学理论问题是每个外语教师都必须探讨的，那么专业必修课里就应该包括现代英语语言学。此外，还应把应用语言学列为专业选修课之一。

4.4　结束语

本章从外语教学的发展趋势及其实施过程两个方面讨论了外语教师掌握语言与语言教学理论的必要性，并在此基础上就扩展语言理论知识面的问题提出了一点看法。需要指出的是，要加强语言理论课教学势必涉及教学计划的改革，而教学计划的改革是很复杂的，牵涉的因素很多，应遵循的原则也不一而足。不过，根据培养目标的实际工作需要来有的放矢地设置课程无疑应是一个不可忽视的原则。

第五章
语用学理论在精读课教学中的应用

5.0 引言

　　精读课是我国1955年全面学习苏联的教育经验以后，外语院系普遍开设的一门外语实践课。在当时的历史条件下，它为培养外语人才起到了相当重要的作用。改革开放以来社会对外语人才的需求和要求发生了较大的变化，国内外的外语教学理论和方法也有新的进展。在新的形势下精读课这门传统课型能否适应需要？存在的问题是什么？应如何改进？这些问题常常成为一些研讨会上争论的焦点，也曾一度是外语界刊物上讨论的热点。有人主张取而代之（Chen Ja，1986，陆培敏等，1987），有人主张改革精读课的教学（崔树芝，1986）。我们认为问题的实质不是设不设这一课型，而是要明确其教学目的，并在此基础上确定其内容。本章旨在从语用学的研究成果和对学生学习过程中实际问题的调查分析两个方面，来探讨基础阶段后期精读课的侧重点转移问题。

5.1 语用学研究的进展与外语教学目标

　　外语教学大纲的制定要依据外语教学的社会目的、语言与语言教学理论、教育方针等诸因素。教学大纲是把社会目的化为教学目标，并以此为根据提出教学原则、规定教学内容的指导性文件，因此，要真正贯彻教学大纲的意图就必须了解大纲的理论基础。

我国的《高等学校英语专业基础阶段英语教学大纲》规定的基础阶段教学目的是："传授英语基础知识，对学生进行全面严格的基本技能方面的训练，培养学生实际运用语言的能力；培养学生优良的学习作风和学习方法；培养学生逻辑思维能力和独立工作能力；丰富社会文化知识，增强学生对文化差异的敏感性，为进入高年级打好扎实基础。"这一教学目的反映了我国外语教学的社会目的。同时，它也是吸收语用学研究成果的产物。

从结构主义语言学的兴起到生成语言学的巅峰，语言研究的主攻方向没有超出语符系统。然而，按莫里斯（Morris）的符号学观点，语言作为一个符号系统包括三个方面的关系：符号系统内部的关系（语法）；符号与符号所指对象的关系（语义）；符号与符号使用者的关系（语用）。20世纪70年代以后，语言学家对后两种关系的研究取得了长足的进展，揭示了语言运用的一般规律。这个时期语言研究的基本单位不只是句子而且是话语或语篇，不只是对语言结构进行静态分析而且进行动态分析，不仅进行单相研究还注重跨面研究和综合研究，不仅进行语言形式分析而且更重视对语言功能的研究。这些研究为回答语言教学中的问题提供了理论依据。

外语教学大纲首要明确回答的问题是：为什么教？教什么？前者的答案来自社会的需要和教育思想，后者则需要语言学的术语作出解答。语言学家关于语言本质和语言运用的规律认识越深刻，外语教学的具体目标也就越明确。乔姆斯基于1959年批判了斯金纳（Skinner）关于语言运用的行为主义解释，强调了语言运用的创造性实质，这使人们从理论上认识到以机械的句型操练为主要内容的听说法是有其局限性的。到了70年代，海姆斯（Hymes）等人批驳了乔氏语言能力观，指出创造性运用语言只掌握语法规则是不够的，使用也有使用的规则。他提出的交际能力观在语言学界和语言教学界引起很大反响。尽管对交际能力的内涵进行的理论探讨仍在进行，但交际能力说至少使人们对语言运用的实质有了更全面、更深刻的认识。应用语言学家康纳尔（Canale，1983）认为交际能力包括四个方面：1）语言能力，指关于语言符号系统（即语音、语法、词汇）的知识；2）社会语言能力，指掌握语言功能和表达得体的能力；3）话语能力，指以言行事的能力；4）对应能力，指在言语交际中进行应酬和蹉商的能力。

基础阶段英语教学大纲就是以上述交际能力观为基础的，它要求教师既重视语言知识的传授又强调言语技能的培养。《大纲》在附表中把教学目标具体化到语音、语法、词汇、功能意念和交际能力。毫无疑问，培养交际能力这一总目标应贯穿于基础阶段的各个课型之中，精读课担负着对学生进行全面训练的任务，尤其应注意培养上述四个方面的能力。然而一个值得探讨的问题是：这四个方面能力的培养在基础阶段各级是否应有侧重呢？

5.2 从调查结果看目前精读课的薄弱环节

5.2.1 调查的目的与方式

影响外语课堂教学效果的三个主要因素是学生、教师和教材。三者当中教师是起主导作用的因素。教师的主要作用之一，就是根据学生的实际水平和教材的内容来确定每堂课的教学内容和方法。要保证教学有针对性，教师必须注意掌握来自学生的信息反馈，并以语言和语言习得理论对其进行科学分析。这样才能有的放矢地确定教学重点。出于这种目的，我们进行了一次调查，以问卷的形式了解了一些学生对College English 3、4册（杨立民、徐克容编著）课文教学诸方面的看法。问卷分三部分：1）关于课文本身；2）关于课文的预习；3）关于课文的讲解。每部分有若干个问题，每个问题后有几项选择。

5.2.2 调查结果与分析

从收回的93份问卷中我们归纳出这样一些值得注意的现象：

（1）绝大多数学生认为课文较难，90.3%的学生认为议论文最难，但对主要难点一项的回答不太集中，相对比较集中的选择项是语言点（30.1%），文章的主旨（29%）和篇章结构（20.4%），近半数学生认为课文所涉及的知识范围超出了自己的知识面。

（2）学生在预习时绝大部分时间花在查生词上。大多数人不注意篇章结构，读过两遍后尚抓不住文章大意。

（3）学生认为教师讲解的内容按重要程度排列是：文章的主旨；背景知识；篇章结构；词汇；语法现象。值得注意的是：尽管学生把语言点视为课文的主要难点之一，却不认为这是教师应讲解的重要内容。70%以上的学生认为，议论文最需教师讲解文章主旨并帮助理出篇章结构。有关课文讲解的方法，学生的看法也比较一致，70.4%的学生认为，教师的讲解应从文章的整体入手，后讲细节。多数学生认为对他们最有启发的是文章的主旨。

这说明学生运用上下文提供的线索和已有知识来进行推理、判断的能力亟待提高。国家教委委托北外进行的全国高校英语本科教育抽样调查的结果，也显示了同样的问题。从该调查的结果中还发现，学生到高年级这方面的能力也仍有待提高，他们的"整体理解力较弱，对所读材料的内容见树不见林"（刘润清等，1989：15）。

这种现象的根源在于语言符号系统与言语功能之间没有一对一的固有联系，而我们在教学中还没有从内容上和方法上把掌握二者之间的复杂关系列为重点。韩礼德（Halliday）认为语言有三大功能：人际功能、概念功能和语篇功能。利奇（Leech）从语用学的角度进一步阐述了这三种功能之间的联系。他认为这三种功能形成一个层级结构，即语篇功能为概念功能服务，而概念功能又为人际功能服务。也就是说人们在言语交际过程中总是以特定的篇章结构来传达字面信息并以此表达特定的用意。他把言语交际过程理解为在三个功能平面上的交换行为并图示如下：

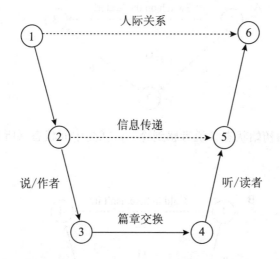

图中的虚线表示二者之间的联系是间接的，实线表示的联系是直接的。①→②是指说/作者选择字义表达用意的阶段；②→③是说/作者把字面信息以一定的语法和语音（或书写）形式表达出来的阶段，这两个阶段合起来是个

编码过程。与之相反的④→⑥是个解码过程；④→⑤是指听／读者复原字面信息的阶段；⑤→⑥是听／读者推导出用意的阶段。如图所示，人际交换是一个间接的复杂过程，之所以复杂是因为说／作者可以从语符系统中选择不同的组合形式来表达用意，而听／读者则需经过假设–验证过程来推断出说／作者的用意，这就从语用理论上解释了学生中普遍存在的上述问题。学生常常反映读了文章后知词义晓句义却仍不知所云，这是因为他们的阅读理解大都停留在信息交换这一层面上。由此可见，学生遇到的问题实质上是语用问题。

这不仅表现在对语篇的理解，也表现在对话语意义的理解。奥斯汀（Austin）认为言语行为是话语的有意义的单位。塞尔（Searle）发展了这一观点，指出言语行为的一个重要特征是它具有意向性。无论是奥氏言语行为三分说（表义行为，施事行为和取效行为），还是塞尔的四分说（发话行为，命题行为，以言行事行为和以言取效行为）都从理论上证实了在话语多重行为中施事行为是最重要的。在言语交际中听／读者能否正确推断对方话语的施事行为也就是至关重要的了。复杂的是，施事行为并不都是以显性施为句式（如：I promise I'll do it tomorrow.）来表达的。塞尔首先指出这一点并界分了直接与间接言语行为。利奇从形式上直观地描述了二者的差别，现图示如下：

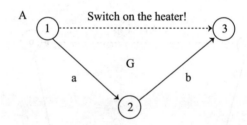

A图中的①为初始状态（说者感到冷），②为中间状态（听者理解到对方要求打开暖气），

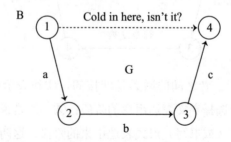

③为最终状态（说者感到暖和），G为要求达到最终状态这一目标，a为说者说出要对方打开暖气这一行为，b为听者打开暖气的行为。B图中②和③都为中间状态。②为听者理解说者感到冷，③为听者理解到说者要求打开暖气。比较两图可见，B图中多了一个过程b，指的是听者推断出说者要求听者打开暖气。显然，从听者的角度来看，理解话语的过程就是推测说者的用意的过程，是一个假设–验证的推理过程，这就不难理解为什么学生把文章的主旨列为教师讲解的头等重要内容而不列语言点一项，尽管他们也把语言点视为课文的主要难点。

综合以上分析，我们认为目前精读课一个普遍存在的薄弱环节，就是没有引导学生去认识语言符号系统与符号运用之间的复杂关系。教师从课文中归纳出值得讲解的语言知识然后传授给学生，所谓的精讲多练的原则并不能很好地解决教学重点的问题，尽管教师讲的是同样一篇课文，可这里还有一个讲什么和练什么的问题，也就是说还有个侧重点问题。

5.3 基础阶段后期精读课的侧重点

从上文的调查结果和分析来看，学生到了基础阶段后期（即《大纲》所指的三、四级），亟待提高的是语用能力，也就是说精读课的侧重点应从传授语言知识转移到培养语言运用技能方面来。颇有影响的康纳尔的交际能力四分说可以进一步概括为两大方面：有关语言符号系统的知识和运用这一符号系统行事的能力。乔氏语言能力说本来就是指语言知识（Taylor, 1988）。而社会语言能力、话语能力和对应能力，都涉及到语言符号系统与符号使用者之间的关系，都是指在言语行为过程中如何有效、得体地运用语言知识的能力。基础阶段后期是由低年级向高年级过渡的阶段，这个阶段的教学就应由传授英语基础知识为中心转移到以培养语用能力为中心，以前者为目的的教学活动应相应减少，而以后者为目的的活动则应急剧增加。

这一侧重点的转移不仅仅体现在时间比例的分配上，而且更重要的是体现在教学活动类型的变化上。教学内容不只存在于白纸黑字的教材里，而且存在于教学活动之中。要把培养语用能力作为精读课的侧重点，就必须更新语篇、语句和语词的讲解与操练。下面根据我们四年来的尝试提出实现侧重点转移的具体作法。

在课文的讲解上应遵循从整体入手的原则。语篇是语用的基本单位，它的整体意义大于部分意义的和。因此，讲解一篇课文首先应引导学生推测作者的用意，教师不是就课文的细节一一提问题，而是只提一个中心问题，要求学生以一言而蔽之，然后，再引导学生分析课文的信息结构。具体做法可因文章的体裁而异。就议论文来说，教师可以把课文信息结构分解为若干个杂乱无章的句子，要求学生根据课文的内容把这些句子重新组合起来，也可以和学生一道理出文章的纲和目。其次，要引导学生找出上下文的接应手段，在讲议论文时尤其要引导他们找出逻辑联系语和词汇衔接，而在讲小说、传记、剧本等体裁的课文时就应引导学生从时间关系和空间关系方面找出接应关系。

在难句的讲解上要重视对施事行为的分析和推断。这里首先应指出的是，把侧重点转移到语用能力的培养上来就意味着难句这一个词的外延与过去有所不同，它不仅指结构复杂的句子，而且指施事行为难以推测的句子。例如，College English第4册2分册中 "Intervention in Vietnam and Central America: Parallels and Differences" 一文中有这样一句话：And this is a net gain for American policy，这句话的句法再简单不过了，而学生却不知所云。教师就需引导学生找出this的所指，然后他们才能推断出作者（Chomsky）借net gain这一术语反其义而用之，其用意是尖刻的讽刺。

在词汇的讲解上应重视启发学生抓准词的联想意义（associative meaning）。联想意义包括内涵意义、搭配意义、情感意义、反映意义和社会意义（Leech，1981），其特点是受语境的限制，也受文化背景的制约，是词典里找不到的。例如，在College English第3册2分册中的一个剧本中，主人公Harry（一个滨海小镇上的一位理发师）对一位刚迈进门槛的身着游泳衣手持阳伞的漂亮姑娘说：Miss America，I presume. 学生知道miss和America的字面意义，也可推出这个复合词的概念意义，却不一定能玩味出其情感意义。在这种情况下就需要教师给予必要的提示，讲一讲美国的选美活动。经提示学生就会恍然大悟，原来Miss America指的是在美国选美竞赛中夺魁的姑娘，自然这个词是指长相漂亮而且聪明的女士了。由此便可进一步推断出说话人的用意：与顾客打招呼的同时以幽默的方式赞扬她的美貌。类似的其他有关的几种联想意义的例子比比皆是，这里限于篇幅不一一列举。

5.4 结束语

本章讨论了语用学研究成果对确立外语教学目标的启示，并从语用学角度分析了学生在精读课上遇到的普遍问题，在此基础上提出了基础阶段后期把侧重点转移到培养语用能力上来的设想。然后，列举了实现侧重点转移的具体方法。外语教学改革不只是教学方法的更新，外语教学目的的改变和语言理论的更新都会引起外语教学的变革。这种变革不仅最终表现为具体方式方法的更新，而且首先体现在教学原理、原则的演进。关于这一点下章将详细论述。

第六章
交际法外语教学的理论
基础和教学原则

6.0 引言

20世纪70年代初交际法在外语教学界大有一统天下之势,培养学生的交际能力成为外语教学的统一目标。为达到这一目标,欧美外语教学界进行过种种试验。英国的威尔金斯(Wilkins)等人从教学内容入手推出了功能意念大纲。美国的萨维根(Savignon)进行了课堂教学方法实验。进入80年代后我国的外语教学界已熟知交际能力这一术语。广州外语学院率先编出了交际法英语教材。但究竟何为交际法?不仅普通外语教师不甚清楚,就是外语教学法专家恐怕也难给出明确的定义。虽然培养交际能力是公认的应达到的目标,但达到这一目标的具体途径尚在摸索之中,交际能力这一概念的内涵也尚在探讨之中。使交际法得以迅速推广的是它的理论基础和一系列教学原则。本章拟概述交际法的理论基础和原则,旨在正名求实,对其作出客观的评价。

6.1 交际法的语言理论基础

外语教学方法的更新无不始于语言观的转变。所谓语言观是指对语言本质的认识。盛行于20世纪60年代的转换生成语言学代表人物乔姆斯基把语言知识视为语言的实质,只重视描写和解释操本族语者的所知,无视其所为。语言研究的任务就是描写他的语法知识,而不去观察、研究他如何使用语言。乔氏用"语言能力"来概括一个人的全部语法知识。这种狭隘的语言观遭到了许多社会语言学家的抨击。

海姆斯等人认为，除了符合语法之外，语言运用中更重要的一方面是得体。语言运用也有规则。抛开这些规则，语法规则便毫无用处。因此语言研究应注重运用规则。他主张用交际能力这一概念来代替语言能力。海姆斯的交际能力说，既包括语言能力也包括语言运用。他把交际能力视为四方面能力的综合：1）能辨别并组织合乎语法的句子；2）能判断语言形式在心理上的可接受性；3）能判断语言形式在一定情景下的得体性；4）能知道语言形式出现的或然率，即知道某个表达式是普遍使用的习语还是罕见的个人用语。这种语言观一提出就受到许多应用语言学家和语言教师的注意。

韩礼德认为，乔氏语言能力与语言运用二分说，既不必要又易引起误解。语言不能独立于社会，它只能服务于社会。因此语言研究不能只研究语言符号系统本身，还必须研究语言的功能。把语言作为知识来研究仅仅是一孔之见，必须同时注重研究语言在人际关系上起的作用。语言不仅具有心理现实也具有社会现实。乔姆斯基研究的是独自说话的人，社会语言学家研究的是相互交谈的人。既然是相互交谈，语言形式的选择就必须受交谈双方的身份、关系、场合、目的等因素的制约。社会语言学研究的核心问题就是：谁在何时用何种语言向谁说话？这样，语言研究的对象就不再是理想化的静止语言，而是活用的语言。研究活用的语言就无法抛开语言使用者，就必须把语言的各种变异（地域方言、社会方言、语域差异、语体差异等）都包括在研究的范围之内。语言研究的单位不再限于句子而扩大到语篇。对语言材料的分析不再脱离语境而必须依据语境。

哲学家奥斯汀和塞尔的言语行为理论揭示了活用语言的内在规律。他们把言语视为行为，人们说话是在以言行事。说出一句话的同时就完成了三种行为：言内行为（表义行为），言外行为（施事行为）和言后行为（取效行为）。如果某人说："外面在下雨。"他的表义行为是把词组合成句传达了一个信息。他的言外行为可能是拒绝对方的邀请（比如：乙请甲出去散步，甲不想去），也可能是关心对方（乙来拜访甲后起身告辞，甲手里拿着伞说外面在下雨）。话说出去后势必引起听话人的某种反应，取得某种效果。言语行为三分说揭示了这样一个重要事实：字面意义可能与发话人的用意一致，也可能不一致。换言之，言语行为可能是间接的，也可能是直接的。语言形式与语言功能之间不存在一对一的固定关系。直话可能不直说,正话也可反说。用意不同于意义,不是摆在字面上的,而是需要推断和验证的。活用语言的这一事实造成了语言学习的一大难点。言语交际是发生于言外行为这个层次上的信息传递。掌握一门语言仅学会语音、语法、词汇是不够的。

上述社会语言学家和哲学家的语言理论转变了传统的语言观。语言不只是语音+语法+词汇的单纯形式体系,它的本质须从社会和心理等多方面去认识。语言既是知识又是行为。既然是一种人际间的行为,就如人的一切行为一样,是多面的、灵活的、错综复杂的。说出一句话或理解一句话都不能脱离其环境。"老王打了老李一拳。"如果这是实际发生的事,就须弄清一系列问题才能搞清这一行为。是重打还是轻打?是真打还是嬉戏?王、李是什么关系?在此之前曾发生过什么?总之要理解老王这个行为就必须弄清其动机。同理,如果某人说了这句话,听话人就必须根据当时的情景推断说话人的用意。不正确理解发话人的用意,就谈不上交际。因此可以把上述社会语言学家和哲学家的语言观统称为交际语言观。

正是这种交际语言观促使应用语言学家重新认识过去的外语教学原则和方法,在20世纪70年代初树起了交际法这面轮廓和图像不甚清楚的旗帜。更确切地说,交际法不是一面旗帜而是一个标杆。它把外语教学的目标提到了更新的高度。它要求学生不仅仅掌握关于某种语言的知识,还要掌握实际运用该语言进行交际的技能。用应用语言学家康纳尔的话说,学生应具备语法能力、社会语言能力、应对能力和话语能力。在这个意义上,交际法的提出与其说是教学方法的改革,不如说是教学目标的更新。

6.2 交际法的教学原则

确立了新的目标,就需要找新的途径。近几十年来的探索不外乎两种途径:一是以语言学研究成果为基础重新确定教学内容,制定新的教学大纲,编写新教材;另一个是从心理语言学的角度探讨新的教学原则。

20世纪70年代以来新的教学大纲相继问世。它们的共同特点是扩大了教学内容的范围,以多维的大纲取代一维的结构大纲。著名应用语言学家斯特恩(Stern)主张多维教学大纲应包括以下四个方面:

（1）结构——语音、语法、词汇；

（2）功能——以语篇（或话语）为教学单位，侧重言语功能的理解；

（3）社会文化——文化背景知识，包括地理、历史、文学艺术、风土人情等；

（4）实际运用——在真实情景下进行交际。

前三个层面需在课堂学习与操练，后一个则要求给学生提供实际运用所学语言的机会。这些内容决定了交际法的教学过程分为接触语言材料、模拟范例练习和自由地表达思想三个步骤。这些范围内具体内容的选择，则基于对学习者未来工作的需要所作的分析。这种分析对特殊用途外语教学起了很大推动作用，但对于一般外语学习特别是外语专业教学来说实行起来则问题不少。所以实际推广开来的是以功能意念为主导的大纲，主要有荷兰应用语言学家范埃克的《入门阶段》，英国应用语言学家威尔金斯的《功能意念大纲》。以这种大纲为基础编写的典型教材是《跟我学》。以上是以社会语言学的研究成果为基础，从教学内容入手的交际法教学途径。这种尝试只试图回答应教什么的问题，并不直接涉及怎么教的问题。

从心理语言学研究成果出发的交际法途径，试图回答怎么教的问题。英美一些教学法专家通过实验总结出一些符合外语学习规律的教学原则，概括起来可归纳为以下几条：

（1）教学过程交际化

许多教学法专家指出过程与结果同等重要。学生实际学到的本领不只在于大纲或教材所列出的内容，也在于课堂参与的活动之中。能力不是从书本中学到的，是在活动中培养出来的。教师要通过授课把教学过程变成用所教的语言与学生进行交际的过程，同时也通过设计各种活动使学生沉浸于该语言的实际应用中。在阅读课上这可能意味着弄懂一个说明书上的操作程序；在听力课上可能要求学生听清天气预报；在口语课上可能要学生用所学语言问清某个路线；在写作课上可能意味着学生用所学语言订一张机票等等。

（2）从整体入手

格式塔心理学理论认为整体大于部分的和。语言运用的基本事实正是如此。言语交际是在语篇这个层次上进行的。尽管语篇可以分解为段落和句子，但它传递的信息是一个整体。某句话和某个词语的理解不能脱离环境。因此，交际法不是就句讲句,就词讲词,而是在语篇这个层次上去讲解词句。它同传统教学法原则的区别,不在讲与不讲词句,而在于怎么讲。它先从宏观入手抓住主要信息,然后再深入到微观的语言表达形式。词不离句,句不离章。

(3) 区别对待语误

心理语言学研究表明,外语学习者总要经历中介语阶段。有些语误是语言习得过程中出现的现象。随着学习的深入,有的错误自然消失。既然这样,教师就不必有错必纠,而应区别对待。属于影响交际意图的错误应及时指出并予以纠正(其中包括语法形式正确但语体不当的错误)。对于那些属于一时口/笔误的错误则可宽容,学生可自我纠正。教师批改一篇作文不必逐字地去给学生改,而是标出错误让学生自己去改。这有利于学生树立自信心,也有利于培养学生的自我监控能力。

(4) 学以致用,激发动力

社会心理学研究表明,学习动力与外语学习成绩紧密相关。有人把外语学习动机分为工具型和融合型。无论出于哪一种,学习者的信心和持久动力都建立在成功意识上。美国著名教学法家里弗斯(Rivers)提出,什么也比不上成功更能促进成功。交际法就是要使学生在学习中使用,在使用中学习,逐步建立信心,通过使用目的语获得一种成就感,从而激发更大的学习动力。

6.3 结束语

综上所述,交际法外语教学基于社会语言学、语言哲学和心理语言学研究成果,有其独特的教学原则。它适应了20世纪70年代后广泛的国际交往需要大量新型外语人才的形势。以往的外语教学法体系都以语言形式为主导,而交际法以交际能力为中心安排教学内容。它首先把语言看作是人们进行社会交往的工具,把言语活动看作是人的行为,全面地体现了语言的社会本质属性,也最能体现外语教学的社会目的。传统的教学法多以教师为中心,侧重怎么教;而交际法则以学生为中心,注重外语学习的心理因素,注意调动学生积极性。传统教学法强调语言知识的掌握,重视机械操练;而交际法在操练的基础上进一步强调自由表达,有利于激发学习动力。

然而,作为一种教学法体系,交际法尚不够完善。许多著名教学法家都认为，一个完整的教学法体系是由原理、原则和具体方式方法三大要素构成的。交际法具备其原理和原则，但不具备公认的方式方法。20世纪80年代里许多教学法专家都倡导折衷法，主张外语教师博采各家之长来为培养交际能力这一目标服务。这就对外语教师提出了更高的要求。一个采用交际法的教师就不能只照搬或模仿某一种方式方法，而是要根据教学内容和教学对象去设计活动，去采取适当的课堂教学程序。由此可见，交际法的推广必须以教师全面素质的提高为前提。

第七章
中学英语教师在职培训
的语用能力培养问题

7.0 引言

自20世纪70年代初开始,世界范围的外语教学都强调要把培养学生用所学语言进行交际的能力作为教学目的。要达到这一目标就必须着眼于整个外语教学系统中各个环节的改革,包括教学大纲的修订,教材的更新,测试的改革和师资培训的改革。我国英语教学界越来越深地体会到,要提高学生的英语交际能力,只强调英语语符和语义系统的掌握是不够的,还必须注意语用原则的掌握。可是,目前我们的中学英语师资队伍对英语语用原则掌握得怎样?这个问题促使我们在东北地区部分中学英语教师中进行了一次英语语用测试调查。本章介绍调查的情况,分析调查结果,并在此基础上探讨中学英语教师在职培训应侧重语用能力培养问题。

7.1 测试情况

7.1.1 对象

65名应试者是我系于1986年通过考试选拔录取的函授生。他们都是东北地区中学英语教师,最高教龄(指教英语的年限)12年,最低教龄2年,平均教龄5年半。其中有的人英语学习年限长达14年。

7.1.2 材料

所采用的试题是20道多项选择题,旨在了解应试者英语语用方面的能力。每题的开头是简单的情景描写,介绍交谈者的身份,相互关系及谈话的场所等等,然后给出几种选择。这些选择中有的涉及语符系统本身的语用问题,有的是受社会文化因素制约的语用问题(详见《外语教学与研究》1986年第2期)。

7.1.3 结果

20道题共有53项选择,其中32项为正确选择。以正确选择为准计算,平均失误10.9个,平均失误率34%。就每份试卷而言,平均失误为35.55人。失误人数最少的2人,最多的达55人,占84.6%(见图1)。

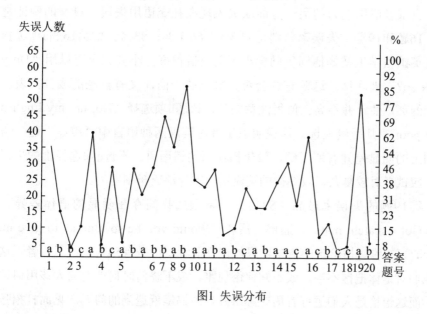

图1 失误分布

7.2 失误分析

著名语言学家韩礼德认为语言是一套系统化的意义潜势(meaning potential)。从发话人角度来说,他在言语交际过程中需要从整个语言符号系统中选择适当的表达形式。每种语言都给其使用者提供了极其丰富的词汇和千变万化的句法结构形式。然而人们对具体表达形式的选择却不是绝对不受限制的。在交际过程中发话人对表达形式的选择受语境、人际关系、话题、社会文化规范等多种因素的制约。从受话人角度来说，要推断出对方话语的确切意义也必须参考上述诸因素。忽略这些因素就会导致语用失误。下面我们具体分析一下这次测试中出现的典型语用失误的原因。

从图1可见，失误率接近或超过50%的有1，4，7，8，15，16和19题。这些题中的失误反映出应试者语用能力的两方面缺欠。一是对语符系统本身的语用范围掌握得不全面。如第1题中next Thursday的所指在给定的情景中是歧义的，即可指本周四或下周四，因为说话的当时是周一。50.8%的应试者误认为只指下周四。这一方面反映出他们套用了汉语"下周四"的语用范围，同时也说明他们忽略了语境对语用意义所起的决定作用。类似的问题也出现在第7题。

应试者语用能力的另一方面缺欠表现在社交语用失误。典型的例证是15题、16题和19题，失误率分别是52.3%、66.1%、83%。如第16题a项选择，一位英国留学生赞扬他同班同学小齐英语讲得好，小齐完全可以用"Do you think so?"来回话。这既有领会对方赞扬的一面，又有自谦的成分，表示对自己的英语估计并不高。值得注意的是，该题b项选择（No, no, my English is very poor.）几乎没人选。这说明应试者对英汉两种语言中"谦虚"这一语用原则上的明显差异有所了解，没生搬汉语的惯用语。不过a项选择上的失误说明，应试者对较复杂、较细微的英汉语用差异缺乏辨别能力。

第19题的失误率最高（83%）。两项选择间存在明显的语体差异。前者（Got a match, mate?）通俗，后者（Would you be so kind as to give me a match?）文雅。按给定的情景，只能选择前者，可是有54人误选了后者。这说明他们对语体把握不当，或不知何俗何雅，或不晓何时何地对何人该用何种语体。而这恰恰是人们进行言语交际时开口或提笔就遇到的问题。见面打招呼时用Hello还是用Hi，提笔写信时称呼之后点逗号还是点冒号，如此等等，都涉及到语体的选择。然而测试结果表明，大部分应试者尚不能根据给定的情景选择适当的语体。

上述两种类型的语用失误都说明了一个共同的问题：传统的外语教学模式培训出来的英语教师没有树立整体语言观。他们掌握了英语语符和语义系统，然而却不能解释这一系统与特定的情景结合后所产生的纷纭复杂的语用问题。其根本原因在于应试者在教学中注重语言的形式和意义，忽视了言语的社会功能。

7.3 英语教师在职培训的侧重点

中学英语在职培训是以自学为主的继续教育。既然是继续教育，课程就带有修补性（remedial）的特点。在短短的三年业余学习时间内，面面俱到，把所有的全日制课程都平铺直叙地讲一遍，势必收效不大。因此要提高在职培训教学效果，就必须针对实际工作需要有所侧重地安排面授的内容。

就中学英语在职培训来说，侧重点应该放在哪？由于没有先例，尚无经验性的回答。这里我们想通过分析英语教师的工作角色以及有关课程与这些角色的关系来回答这一问题。

一个英语教师在教学过程中同时充当三个角色。一种角色是英语使用者，即教师需要以英语为媒介，传授知识，组织课堂活动，与学生进行情感交流等等。自不待言，教师的英语应该是流利的、地道的。第二个角色是英语分析者，即需要对学生的话语或作文作出评价，对学生的疑问作出回答，并且常常要解答学生的"为什么"。也就是说，教师不仅要知其然，还要知其所以然。这就要求教师必须从整体上把握英语语符系统及其运用原则。第三种角色是教师，即需要语言教学理论来指导自己的工作。如何激发学习动机？怎样组织课堂和课外活动？语言习得有什么规律？这些规律对改革教学方法有什么启发？一个外语教师总是在自觉或不自觉地给自己提出这类问题并不断寻求新的答案。这就是说，每个外语教师都在教学实践中进行着教学理论的探讨。

上述三种角色是确定所需知识结构的基础。现行教学大纲规定的专业课程可归为四种类型：语言技能（精读、泛读、视听、口语、翻译等）；语言理论（语音学、语法学、词汇学、语言学概论等）；语言教学理论（教材教法、外语教学法流派等）；文化知识（英美概况、英美文学<史>等）。这四大主干专业课程与三种角色的紧密关系可图示如下：

	英语使用者	英语分析者	教师
语言技能	1	2	1
语言理论	1	1	1
语言教学理论	3	3	1
文化知识	1	2	1

*1表示重要　2表示比较重要　3表示不重要

图2　四类专业课程在担任三种角色中的重要程度

显然，语言理论知识在担任三种角色中都起重要作用，语言技能和文化知识次之，居第三位的是语言教学理论。

综合上述分析和本次测试调查结果，我们认为要提高英语教师的语用能力，就必须在课程设置上充分体现"修补性"的特点。这一特点有两层含义：一是充实原有的语言知识；二是提高语言运用水平。这两方面需做到轻重合理。目前的当务之急是充实语言理论课的内容。其他课程的讲授也要立足于指导提高，而不是面面俱到。过去的外语教学在很大程度上受传统语法和结构主义语言学理论的影响。二者都偏重于对语言线性组合关系的描写，忽略了对语言纵聚合（或称选择）关系的描写。自20世纪70年代初始，功能语言学和社会语言学方面的研究取得长足的进展，揭示了语用方面的规律。这方面的知识恰恰是在职英语教师所缺的。将这方面的研究成果介绍给英语教师定会有助于他们从整体上把握英语语符与语义系统及其在特定情景中运用的规则。总之，我们认为只有按语言语用规律和教学的自身规律抓准侧重点才能提高实效。

7.4 结束语

中学英语教师在职培训，是整个外语教育系统中的一部分。由于培训的对象是中学教师，是承担基础教育工作的第一线教师，所以，培训工作的质量直接关系到基础英语教育的质量。中学基础英语教育的培养目标已经确定，即培养学生的交际能力。因此，我们提出培训工作的侧重点应与基础英语教育相适应，在教学中要注重培养学员的语用能力，这样才能保证基础英语教育培养目标的实现。

Chapter 8 Generative Grammar and TEFL: Applications, Implications and Limitations

8.0 Introduction

In the 1960s the Chomskyan revolution in linguistics seemed to be a beam of light in the dark for teachers of foreign languages. The "mim-mem" strategies and the endless, and often mindless, repetition of prefabricated dialogues would, as it were, be abandoned and replaced by a more fruitful way or ways. "But as the 1970s progressed the star of transformational generative grammar began to wane" (Newmeyer, 1983: 131). After the banner of communicative competence was held up, many applied linguists working in the areas of materials development and syllabus design jumped onto that wagon. And enough doubt has been thrown on the applicability of TG grammar in language teaching. Inquired about Chomskyan revolution, a teacher of English who had returned from abroad ramarked a few years ago, "I have taken the course, it is useless for us language teachers." Obviously, such judgments are made on the assumption that the applicability of TG grammar is a yes-no question. By putting the question in either / or terms, we have naively simplified the matter, and have, as a result, put ourselves in the complete dark refusing to make use of a spark. Since linguists up till now have all concentrated on a particular perspective of language, a model that can inform the language teacher in all aspects of language teaching at all stages is still beneath the horizon. What is a more plausible assumption is that the question under consideration is the question of what to apply to what aspects of language teaching. Teachers of languages need to look into linguistic theories, keeping in mind the problems we are faced with in our practice. Linguists may claim the validity of their theories in linguistic studies, but it is language teachers who are in the position to evaluate the applicability of a theory. Studying the relation between TG grammar and the teaching of foreign languages, we need to look at both the theory and the major problems in language teaching to see in what way and to what extent what theory is informative for the language teacher. Admittedly, put in terms of what, the question becomes more formidable. Nevertheless, by working patiently along that line we can avoid rash judgment, unwarranted skepticism and foeless hostility.

8.1 Applications and Implications

As we all know there are two major questions that concern the language teacher: What to teach and how to teach. What has linguistics to do with these? A widespread opinion is that linguistic descriptions have a direct contribution to make to the former. Halliday (1964) has stated explicitly that the main contribution the linguistic science can make to the teaching of languages is to provide good descriptions. This aspect of the contribution is regarded as application. Since TG grammar is not a pedagogic grammar, application of the theory in the above sense seems to be out of the question. However, if we look at the question of applicability through a lens of a wider angle, we may get a different picture.

What to teach is often believed to be a question that concerns administrators, syllabus designers and textbook writers. They tell the teacher what structures and what words to teach in what order. That is common practice in many quarters where there is a unified educational system. But the syllabus or the textbook is not absolute. The teacher is also committed to the decision on what to teach. In reality, the classroom teacher has a roomful of students who differ from one another and members of the group as a whole are, in turn, quite different from the ones imagined by the textbook writer in terms of level and interest. In every-day practice language teachers need to decide what to stress in the lesson, what to test on, what errors to correct, what supplementary exercises to prepare, and so on. In short, what to teach has to be answered by the classroom teacher in a more detailed way. In making those decisions the teacher needs a theoretical understanding of the language taught and the nature of language in general.

In this connection TG theory has already exerted a strong influence on thinking about what to teach in the teaching of languages. Language teachers the world over were and are divided in their opinions about whether it is necessary to teach grammar. The pendulum of tendency has swung for decades, if not for centuries. The teaching and learning of languages in the 1950s was, in gross terms, characterized by pattern drills. Such textbooks as *English 900* are full of substitution tables, and grammar seemed to have vanished as part of the content to be taught and learned. Learners were supposed to be able to get by, retrieving the memorized formula. The main task for the students was to form new habits by parroting and rote learning. And the teacher's job was to cram and correct. It was the Chomskyan revolution that shook the theoretical foundation of this approach to language teaching. By substituting "language" with "competence" as the objective of linguistic studies, and by pointing out the nature of creativity of human language, Chomsky has made it clear that knowledge of the grammatical system of a language is essential in understanding the question of what it means to know a language. Thus TG theory justifies the teaching of grammar.

Unfortunately, the concept of linguistic competence had not been given due attention by language teachers and applied linguists before it was overshadowed by the term communicative competence, which was adopted as one representing the ability language learners should develop. Since the 1970s the communicative approach has come into vogue in the literature of TESOL. Regarding what to teach, advocates talked of the things to be learned in terms of notions and functions (Wilkins, 1972) and discourse (Widdowson, 1978) rather than structures. It has taken a decade for many applied linguists to realize that "to suggest that […] a choice in language teaching between language functions (illocutionary acts) and language structures can be resolved entirely in favour of the former is to imply something quite misleading about the way in which language generally operates" (Wilkins, 1982: 226). Talking about the consequences of the communicative approach, L. G. Alexander has recently remarked to this effect:

> People are aware day by day that grammar must be taught. I believe one of the issues we will have to tackle in writing textbooks is how to face up to the teaching of grammar. For communicative competence does not only mean to be able to make a few utterances, but to grasp the systems that generate utterances. It is the mastery of such systems that decides that students have to go back to grammatical forms. I hope that after communicative activities are practiced, grammar will be explained succinctly and clearly (1987: 13).

What can be seen from the above two citations is that the development of learners' communicative competence does not exclude fostering their linguistic competence (for detailed discussion, see Canale, 1983). In one way or another, the lmguistic systems must be taught. It is, therefore, not groundless to say that TG theory, which accounts for the creative aspect of human language, is informative for the language teacher in thinking about what to teach in a broader Sense.

If grammar must be taught, the next question is how to teach grammar. Teachers of foreign languages look to methodologists for an answer or answers. But it has been shown by many that to look for the method as a panacea is an illusive goal. What is highly recommended is then an eIective approach. This implies that teachers need to familiarize themselves with the rationale or principle underlying a method. It is at this level that TG theory can bring some light to the puzzled teacher, as suggested by Chomsky himself:

> Surely the teacher of language would do well to keep informed of progress and discussion in these fields, and the efforts of linguists and psychologists to approach the problems of language teaching from a principled point of view are extremely worthwhile, from an intellectual as well as a social point of view (1966: 52).

Looking at the question of how to teach from a principled point of view, we may say without reserve that TG theory has been gratifyingly influential. The influence can be seen in two areas. One is methodological innovation. There have emerged a number of methods since the postulation of TG theory, such as the Silent Way and Counseling Learning, according to which the focus should be on how the learner learns rather than how the teacher teaches. Another is psycholinguistic research into first and second language acquisition. Chomsky's postulation of "mental structure" or "language acquisition device" (1965: 47—59) opened an exhilarating realm. Many psycholinguists support Chomsky's thesis that "the human brain is more than just a receptacle that parents and teachers fill with phrases and structures" (Dulay, Burt and Krashen, 1982: 7). Language learning is thus not seen as a passive process but an active and creative one. Language learners follow an inductive approach, at least at the elementary stage. They observe the new language, form hypotheses and test them. Overgeneralizations like *casted and *writed verify the hypothesis that they are consciously forming rules and applying them. Knowledge of this process will lead the teacher to look at the learner's errors through a new perspective, and to treat them in a more sophisticated way.

In both areas mentioned above, how the learner learns is made central in thinking about how to teach. This has undoubtedly broadened the teacher's view. If the teacher believes the Natural Order Hypothesis (Krashen, 1982) is valid, he / she will not think it necessary to make haste correcting all the ill-formed structures produced by the learner. He / she will understand the learner's problems better from a developmental point of view in addition to a contrastive view than from the latter alone. Similarly, concepts like learnability may well enlighten the teacher's thinking about what to present at what stage and how. No matter whether learners learn language rules consciously or subconsciously and whether rules learned one way or the other will be useful in learners' performance, teachers must be conscious about the rules and about where the learners are in the process of internalizing the rules. Teachers' clear understanding of both serve an important function as acquistion facilitator. Teachers with such understandings can guide the learner to make inductive hypothesis forming and testing more efficiently.

The influence of TG theory seen in the above two domains is of significance not only for classroom practice but also for the practice of teacher training. Understanding how to teach presupposes an understanding of the nature of what it is that we teach and an understanding of whom we teach. Under the influence of the Saussuran view of language, the mainstream of modern linguistics before the Chomskyan revolution had treated language as isolated from man. Up till now language teachers are still trained to see them as separate. They are required to take courses on the language to be taught and courses on education and general psychology. This needs to be reconsidered. If language, and language learning in particular, is behavior, then "surely a prerequisite to the study of behavior is grasp of the nature of the organism that is behaving" (Chomsky, 1975: 16). In teacher training programs it is inadequate, though indispensable, to offer a grammar course of a traditional mode. Such grammars, according to Chomsky, are only justified on "external grounds, on grounds of correspondence to linguistic fact" (1965: 27). To develop trainees' understanding of the nature of their subject matter and language learning, it is equally necessary to introduce them to TG grammar, which is justified on internal grounds, on grounds of its relation to linguistic theory that constitutes an explanatory hypothesis about the form of language as such. The problem of internal justification—of explanatory adequacy—is essentially the problem of constructing a theory of language acquisition…" (ibid). TG grammar should therefore have its position in training language teachers.

To sum up, it has been illustrated in this this section that TG theory has a contribution to make with regard to the two major questions in language teaching. It is certainly premature to expect TG grammar to be applied to classroom practice in the sense of providing data for the learner. And it is thus safe to talk of the contribution at this level in terms of implications. However, if we think of its role in training language teachers, the term application is certainly usable in discussing the relation between TG theory and the teaching of languages. For language teaching is a hierarchical system which consists of, in addition to classroom practice, such constituents as syllabus design, materials development and teacher training.

8.2 Limitations

So far we have been saying that TG grammar has bearings for language teaching because it endeavors to account for the nature of human language. Yet it would be misleading if we do not realize its limitations. Although TG grammar is claimed to be an endeavor towards explanatory adequacy, it can not explain all aspects of language, since it is not concerned with language in use. This decides that it may not provide insights into the pragmatic and the sociocultural aspects of language, and hence has less to say about later stages of language learning than other theories of language.

As Chomsky has made clear, TG grammar is mentalistic (1965: 4). The picture of language that emerges from Chomsky's writings "is a reflection of the human mind, not just in the sense that humans have produced it, can learn it, and do speak it, but in the much more specific sense that language is as it is because the human mind is as it is" (Smith and Wilson, 1979: 265). Insights into the nature of language gained through this intra-organism perspective (Halliday, 1978: 56) can help the language teacher understand how people construct grammatical sentences and thereby think about how to help the learner to develop such an ability. If we accept Stern's curriculum framework, we are inclined to maintain that TG grammar is not so informative for the teacher in understanding problems that the learner encounters at later stages. After the elementary stage, the semantic and pragmatic aspects as well as the sociocultural aspect of language use concern the teacher and learner most, so insights into the nature of language gained through an inter-organism perspective (ibid) may be more informative for the practitioner. If TG grammar explains how people speak, functional grammar and sociolinguistic studies are attempts to explain how "people speak to each other" (Halliday, 1978: 57).

It is unnecessary to go into a detailed discussion here of what implications such insights have for language teaching. We merely want to show that teachers of foreign languages need to keep informed of the insights that linguists have gained through different perspectives. Consider the following sentence from a student's composition:

"A Saturday afternoon, in a barber shop, a small boy named Clay, whose family was so poor that their (his) parents often fought each other for the kids couldn't dress and eat well, was giving the barber—Harry a haircut, while he was telling Harry that his father had been away for a long time after he fought Clay's mother, and now he and his family all hoped his father would come back."

What will the teacher do with this sentence? It depends on his view of what it means to know a language. If he understands it as to be able to construct novel sentences, he may be satisfied to see that sentence. If he believes that to be able to use a language involves an awareness of who speaks what, when, where, and for what purpose, he may comment, "The sentence is correct but not clear." If language is seen as rule-governed creative behavior, creativity can also be understood out of the boundary of sentence, as shown by Widdowson (1979: 29):

A: That's the telephone.
B: I'm in the bath.
C: OK.

The interpretation of each utterance is beyond the propositional meaning of the sentence. This is also evidenced by Gumperz (1982: 326):

A: Are you going to be here for ten minutes?
B: Go ahead and take your break. Take longer if you want.
A: I'll just be outside on the porch. Call me if you need me.
B: OK, don't worry.

As "question" functions as a request, and is interpreted as such by B. A's second utterance confirms B's interpretation. It is important that learners of languages see this aspect of the creativity of language. It is equally important that teachers keep themselves informed of the insights into the interpersonal aspect of language. TG grammar, which treats syntax as autonomous, naturally overlooks that aspect and thus falls short in providing the teacher with such insights. This is evidenced by Chomsky's statement, "If we hope to understand human language and the psychological capacities on which it rests, we must ask what it is, not how or for what purpose it is used" (1968: 62). It is thus not groundless to suggest that in understanding how meanings are assigned to utterances and how certain lexical items and syntactic forms are chosen over others, teachers need to look to linguistic findings based on studies into the inter-organism perspective of language.

In TG grammar language is viewed as rule-governed, and it may well be justified to make an attempt to account for the universality of language as such. But again if we look at language through an inter-organism perspective, we may find rules other than those that concern TG grammarians—rules for use, as Hymes (1971, 1974) terms them. These rules for use are generally socioculturally specific rather than universal. They are primarily responsible for "language shock" in intercultural communication. For example, it is quite polite for a Chinese shop assistant to say to her customer, "Nin yao shenme?" but the direct translation "What do you want?" sounds rather abrupt in English if uttered in the same situation. Similar examples are too numerous to enumerate. An American in Madagascar made an idle remark on his neighbor's large sweet potatoes. Twenty minutes later, after he came back home, a child of his neighbor appeared in his doorway holding a plate of steamed sweet potatoes. He suddenly realized that his idle comment had been interpreted as a request. These examples show that in the teaching of languages, sociocultural norms or ritual constraints must be known to the learner. Teachers of language must, therefore, be trained to be sensitive to rules for use. To this part of the training the teacher should receive that TG grammar has little to contribute.

8.3 Conclusion

The conclusion to be drawn from our discussion is that TG grammar, as a linguistic theory to account for the complexity of language through one perspective, has a contribution to make to the teaching of languages, but it has its own limitations. In the teaching of English in the Chinese context, we need to warn ourselves not to adopt one model as the sole basis for practical decisions in, for example, syllabus design, materials development and teacher training. Our present knowledge of language is not such that we can look for the model in linguistics to guide our practice of language teaching. Recalling the famous Indian fable of blind men feeling the elephant, we believe it will be fruitful to work along the line of what linguistic theory to apply to what aspects and what stages of language teaching and learning.

参考文献

Allen, K. *Linguistic Meaning*. London: Routledge and Kegan Paul, 1986.

Atlas, J. D. & S. C. Levinson. *It-clefts, Informativeness, and Logical Form*. New York: Academic Press, 1981.

Austin, J. L. *How to Do Things with Words*, 2nd Ed. Oxford: Oxford University Press, 1962.

Bar-Hillel, Y. "Indexical Expressions." *Mind* 63: 359—376, 1954.

Bates, E. *Language and Context*. New York: Academic Press, 1976.

Bolinger, D. *Meaning and Form*. London: Longman, 1979.

Breen, M. P. & C. N. Candlin. "The essentials of a communicative curriculum." *Applied Linguistics* No. 2, 1980.

Breen, M. P. "Contemporary Paradigms in Syllabus Design." *Language Teaching* No. 2, 3, 1987.

Brown, G. & G. Yule. *Discourse Analysis*. Cambridge: Cambridge University Press, 1983.

Brown, P & S. Levinson. *Universals in Language Usage: Politeness Phenomena*. Cambridge: Cambridge University Press, 1978.

Brown, P & S. Levinson. *Politeness: Some Universals in Language Usage*. Cambridge: Cambridge University Press, 1987.

Canale, M. "From Communicative Competence to Communicative Language Pedagogy." In J. C. Richards and R. M. Schmit (eds.) *Language and Communication*. New York: Longman, 1983.

Carnap, R. *Introduction to Semantics*. Cambridge/Mass.: MIT Press, 1942.

Carnap, R. "The Methodological Character of Theoretical Concepts." In H. Feigl and M. Scriven, eds. *Minnesota Studies in the Philosophy of Science*, Vol. I. Minneapolis: University of Minnesota Press, 1956a.

Chen, Ja. An Emphatic "No" to Intensive Reading. In *ELT Newsletter* No. 12: 2—4, 1986.

Chomsky, N. *Aspects of the Theory of Syntax*. Cambridge, Mass.: MIT Press, 1965.

Chomsky, N. "Linguistic theory." *Landmarks of American Language and Linguistics*. New York: United States Press, 1966.

Chomsky, N. *Language and Mind*. New York: Harcourt Brace and World, 1968.

Chomsky, N. *Reflections on Language*. Glasgow: Fantana, 1975.

Cole, P, ed. *Syntax and Semantics 9: Pragmatics*. New York: Academic Press, 1978.

Cole, P, ed. *Radical Pragmatics*. New York: Academic Press, 1981.

Corder, S. P. *Introducing Applied Linguistics*. Harmondsworth, Middlesex: Penguin Books, 1973.

Dalay, H., Burt, M. & S. Krashen. *Language Two*. New York, Oxford: OUP, 1982.

Davis, S, ed. *Pragmatics: A Reader*. Oxford: Oxford Universtiy Press, 1991.

Declerck, R. "Two Notes on the Theory of Definiteness" In *Linguistics* 22: 25—39, 1986.

Edmondson, W. *Spoken Discourse*. London: Longman, 1981.

Ellis, A. & G. Beattie. *The Psychology of Language and Communication*. London: Weidenfield and Nicolson, 1986.

Fillmore, C. J. "Pragmatics and the Description of Discourse." New York: Academic Press, 1981.

Firbas, J. "Post Intonation Centre Prosodic Shade in the Modern English Clause." In *Greenbaum, Leech and Svartvik*, eds., 1980.

Firth, J. R. *A Synopsis of Linguistic Theory*. 1957.

Fraser, B. "The Concept of Politeness." Paper presented at the 1985 NWAVE Meeting, Georgetown University, 1975.

Fraser, B & W. Nolen. "The Association of Deference with Linguistic Form." In *International Journal of the Sociology of Language* 27: 93—109, 1981.

Fraser, B. "Perspectives on Politeness." In *Journal of Pragmatics* 14: 219—236, 1990.

Fromkin, V. & R. Rodman. *An Introduction to Language*. New York: Holt, Rinehart and Winston, 1983.

Gazdar, G. *Pragmatics: Implicature, Presupposition and Logical Form*. New York: Academic Press, 1979.

Geeraerts. D. "Introduction: Prospects and problems of prototype theory." *Linguistics* 27: 587—612, 1989.

Giglioli. P. P., ed. *Language and Social Context*. England: Penguin Books, 1972.

Givon. T. *Mind, Code and Context: Essays in Pragmatics*. Hillsdale: Lawrence Erlbaum Associates, Inc, 1989.

Goffman, E. *Interaction Ritual: Essays on Face-to-Face Behavior*. New York: Anchor Books, 1967.

Goffman, E. *Relations in Public*. Harmondsworth: Penguin Books, 1971.

Greenbaum, S., et al. *Studies in English Linguistics*. London: Longman, 1980.

Green, G. M. *Pragmatics and Natural Language Understanding*. Hove, London: Lawrence Erlbaum Associates, Inc. 1989.

Grice, H. P. "Logic and Conversation." In P. Cole, & J. Morgan (Eds.), *Syntax and semantics* (pp. 41—58). New York: Academic Press, 1989.

Grice, H. P. "Further Notes on Logic and Conversation." In *Pragmatics* [Syntax and Semantics 9], Peter Cole (ed.). New York: Academic Press, 1989.

Grice. H. P. *Studies in the Way of Words*. Cambridge: Harvard University Press, 1989.

Gumperz, J. J. The Linguistic Bases of Communicative Competence. In D. Tannen (ed.) *Analysing Discourse: Text and Talk*. Georgetown University Press, 1981.

Gussenhoven, C. "Two Views of Accent: a Reply." *Linguistics* Vol. 20. No. 1, 1984.

Gu, Y. "Politeness Phenomena in Modern Chinese." *Journal of Pragmatics* 14: 237—257, 1990.

Halliday, M. A. K. *System and Function in Language*. Oxford: Oxford University Press, 1961.

Halliday, M. A. K., McIntosh, A. & P. Strevens. *The Linguistic Sciences and Language Teaching*. London: Longman, 1964.

Halliday, M. A. K. *Explorations in the Functions of Language*. London: Edward Arnold, 1973.

Halliday, M. A. K. *Language as Social Semiotic*. London: Edward Arnold, 1987.

Halliday, M. A. K. "New Ways of Meaning: the Challenge to Applied Linguistics." In Martin, P, ed. *Thirty Years of Linguistic Evolution*. Philadelphia: John Benjamins Publishing Company, 1992

Harnish, R. M. "Logical Form and Implicature." In T. G. Bever, J. J. Katz and D. T. Langendoen, 1976.

Hawkins, E. *Modern Languages in the Curriculum*. Cambridge: Cambridge University Press, 1981.

Hawkins, J. A. *Definiteness and Indefiniteness*. London: Humanities Press, 1978.

Hawkins, J. A. "On Definite Articles: Implicatures and Grammaticality Prediction." *Linguistics* 27: 405—442, 1991.

Horn, L. R. *On the Semantic Properties of Logical Operators in English*. Bloomington: Indiana University Linguistics Club, 1972.

Horn, L. R. *Remarks on Neg Raising*. In P. Cole (Ed.), Pragmatics (pp.129–220). New York: Academic Press, 1978.

Horn, L. R. "Toward a New Taxonomy for Pragmatic Inference: Q-based and R-based Implicature." *Meaning, Form and Use in Context: Linguistic Applications*. Washington, D. C.: Georgetown University Press, 1984.

Horn, L. R. *A Natural History of Negation*. Chicago: University of Chicago Press, 1989.

Howes, M. B. *The Psychology of Human Cognition*. Pergamon Press, 1990.

Huang, Y. "A Pragmatic Analysis of Control in Chinese." *Levels of Linguistic Adaptation*. Amesterdam: John Benjamins Publishing Company, 113—145, 1991a.

Huang, Y. "A Neo-Gricean Pragmatic Theory of Anaphora." *Linguistics* 27: 305—335, 1991b.

Hudson, R. A. *Sociolinguistics*. Cambridge: Cambridge University Press, 1980.

Hymes, D. "On Communicative Competence." *Sociolinguistics*. Harmondsworth: Penguin Books, 1971.

Hymes, D. *Foundations of Sociolinguistics*. Philadelphia: University of Pennsylvania Press, 1974.

Karttunen, L. & S. Peters. "Conversational Implicature." *Syntax and Semantics 11: Presupposition*. New York: Academic Press, 1—56, 1979.

Kasher, A. "Conversational Maxims and Rationality." *Language in Focus: Foundations, Methods and Systems*. Dordrecht Holland: Reidel Publishing Company, 197—216, 1976.

Kasher, A. "Politeness and Rationality." *Pragmatics and Linguistics*. Odense: Odense University Press, 1986.

Kasper, G. "Lingiustic Politeness." *Journal of Pragmatics* 193—218, 1990.

Katz, J. & J. Forder. "The Structure of a Semantic Theory." *Language* 39: 170—210, 1963.

Katz, J. J. & D. T. Langendoen. Pragmatics and Presupposition. In T. G. Bever, J. J. Katz and D. T. Langendoen, 1976.

Kay, P. & W. Kempton. "What is the Sapir-Whorf hypothesis?" *American Anthropolgist* 86: 65—79, 1984.

Keenan, E. O. "The universality of conversational postulates." *Language in Society* 5: 67—80, 1976.

Kelly, L. G. *25 Centuries of Language Teaching*. Rowley: Mass Newbury House, 1979.

Kempson, R. M. *Presupposition and the Delimitation of Semantics*. Cambridge: Cambridge University Press, 1975.

Krashen, S. "Effective Second Language Acquisition: Insights from Research." *The Second Language Classroom: Directions for the 1980s*. New York: OUP, 1981.

Krashen, S. *Principles and Practice in Second Language Acquisition*. Oxford: Pergamon Press, 1982.

Labov, W. "The Boundaries of Words and Their Meanings." *New Ways of Analysing Variation in English*. Georgetown Unviersity Press, 1973.

Lakoff, G. "Hedges: a Study in Meaning, Criteria and the Logic of Fuzzy Concepts." *Journal of Philosophical Logic* 2: 458—508, 1973.

Lakoff, G. *Women, Fire and Dangerous Things: What Categories Reveal About the Mind*. Chicago: University of Chicago Press, 1987.

Lakoff, G. & M. Johnson. *Metaphors We Live By*. Chicago: Universityof Chicago Press, 1980.

Lakoff, R. "The logic of politeness: Or Minding your P's and Q's." *Chicago Linguistics Society* 9: 292—305, 1973.

Lakoff, R. "Remarks on This and That." In Papers from the tenth regional meeting of the Chicago Linguistic Society, 345—356, 1974b.

Lakoff, R. *Language and Woman's Place*. New York: Harper and Row, 1975.

Langacker, R. W. *Foundations of Cognitive Grammar* (I): *Theoretical Prerequisites*. Stanford: Stanford University Press, 1987.

Langacker, R. W. Review of Women, Fire and Dangerous Things: What Categories Reveal about the Mind. In *Language* 64: 384—395, 1988.

Leech, G, & J. Svartvik. *A Communicative Grammar of English*. London: Longman, 1975.

Leech, G. *Semantics*. Harmondsworth: Penguin Books, 1981.

Leech, G. et al. *English Grammar for Today*. London: The Macmillan Press LTD, 1982

Leech. G. *Principles of Pragmatics*. New York: Longman, 1983.

Lehmann, W. P. "Review of Foundations of Cognitive Grammar." *General Linguistics* 122—130, 1988.

Levinson, S. C. *Pragmatics*. Cambridge: Cambridge University Press, 1983.

Levinson, S. C. "Minimization and Conversational Inference." *The Pragmatic Perspective*. Amsterdam: John Benjamins Publishing Company, 61—129, 1987a.

Levinson, S. C. "Pragmatics and the Grammar of Anaphora: a Partial Pragmatic Reduction of Binding and Control Phenomena." *Linguistics* 23: 379—434, 1987b.

Levinson. S. C. "Pragmatic reduction of the Binding Conditions revisited." *Linguistics* 27: 107—161, 1991.

Lyons, J. *Semantics* (Volume Ⅰ, Ⅱ). Cambridge: Cambridge University Press, 1977.

Lyons, J. *Language, Meaning and Context*. Great Britain: Fontana Paperbacks, 1981.

Mackey, W. F. *Language Teaching Analysis*. London: Longman, 1965

McCawley, J. D. Conversational Implicature and the Lexicon. In P. Cole, 1978.

Morgan, J. L. Two Types of Convention in Indirect Speech Acts. In P. Cole, 1978.

Morris, C. W. Foundations of the Theory of Signs. In O. Neurath et al. eds. Chicago: University of Chicago Press, 77—138, 1938.

Morris, C. W. *Signs, Language and Behavior*. Engle Wood Cliffs, NJ: Prentice Hall. 1946.

Nuyts. J. "Cognitive linguistics." *Journal of Pragmatics* 20: 269—290, 1993.

Ogden, C. K. & I. A. Richards. *The Meaning of Meaning*. New York: Harcourt Brace Jovanovich, 1923.

Palmer, F. R. *Semantics*. Cambridge: Cambridge University Press, 1981.

Palmer, H. E. *A Grammar of Spoken English*. Cambridge: Cambridge University Press, 1955.

Politzer, R. & L. Weiss. *The Successful Foreign Language Teacher*. Philadelphia: Center for Curriculum Development, 1979.

Popper, K. R. *The Logic of Scientific Discovery*. London: Hutchinson, 1959.

Popper, K. R. *Objective Knowledge: An Evolutionary Approach*. Oxford: The Clarendon Press, 1972.

Quirk. R. et al. *A Grammar of Contemporary English*. London: Longman, 1972.

Quirk, R. et al. *A Comprehensive Grammar of the English Language*. London: Longman, 1985.

Quirk, R. *English in Use*. London: Longman, 1990.

Rauh, G., ed. *Essays on Deixis*. Tubingen: Gunter Narr Verlag, 1983.

Richards, J. C. & T. Rogers. "Method: Approach, Design and Procedure." *TESOL Quarterly* 153—168, 1982.

Rosch, E. "Cognitive Representations of Semantic Categories." *Journal of Experimental Psychology* 192—233, 1975.

Sadock, J. M. "On Testing for Conversational Implicature." *Syntax and Semantics*. New York: Academic Press, 1978.

Savignon, S. J. *Communicative Competence: An Experiment in Foreign Language Teaching*. Philadelphia: Centre for Curriculum Development, 1972.

Saussure, F. de. *Course in General Linguistics*. New York: McGraw Hill, 1916.

Searle, J. R. "What Is a Speech Act?" *Language and Social Context* 136—154, 1972.

Searle, J. R. *Speech Acts*. Cambridge: Cambridge University Press, 1969.

Searle, J. R. *Expression and Meaning*. Cambridge: Cambridge University Press, 1979.

Slobin, D. J. *Psycholinguistics* (2nd ed.). Glenview: Scott, Foresman, 1979.

Smith, N. & D. Wilson. *Modern Linguistics*. Harmondsworth: Penguin Books, 1979.

Sperber, D. & D. Wilson. *Relevance: Communication and Cognition*. London: Basil Blackwell, 1986.

Stern, H. H. *Fundamental Concepts of Language Teaching*. Oxford: OUP, 1983.

Taylor, Q. S. L. "The Meaning and Use of the Term 'Competence' in Linguistics and Applied Linguistics." In *Applied Linguistics* Vol. 9, No. 2: 148—68. 1988.

Taylor. J. R. *Linguistic Categorization: Prototypes in Linguistic Theory*. Oxford: Claredon Press, 1989.

Verschueren, J. *The Pragmatic Perspective*. Philadelphia: John Benjamins Publishing Company, 1987.

Wardbaugh, R. *An Introduction to Sociolinguistics*. New York: Basil Blackwell, 1986.

Werth, P. *Focus, Coherence and Emphasis*. Great Britain, 1984.

Widdowson, H. G. *Teaching Language as Communication*. Oxford: OUP, 1978.

Wilkins, D. A. "Grammatical, Situational and Notional Syllabuses." *The Communicative Approach to Language Teaching*. Oxford: OUP, 1972.

Wilkins, D. A. "Dangerous Dichotomies in Applied Linguistics and Language Teaching." *Linguistic Controversies*. London: Heinemann Educational Books, 1982.

Wilson, D. & D. Sperber. "Ordered Entailments: an Alternative to Presuppositional Theories." *Syntax and Semantics ll: Presupposition*. New York: Academic Press, 299—323. 1979.

Zipf, G. K. *Human Behavior and the Principle of Least Effort*. Cambridge: Addison Wesley Press, 1949.

陈文达：《英语语调的结构与功能》，上海：上海外语教育出版社，1983年。

程雨民：《英语语体学》，上海：上海外语教育出版社，1989年。

崔树芝："基础阶段精读课教学的一个重要课题"，《外国语》1986年第1期。

付克：《中国外语教育史》，上海：上海外语教育出版社，1986年。

桂诗春：《应用语言学》，长沙：湖南教育出版社，1988年。

何自然：《语用学概论》，长沙：湖南教育出版社，1988年。

胡文仲：“从一次学术讨论会看我国英语教学的动态”，《外语教学与研究》1986年。

胡壮麟：“功能主义纵横谈”，《外国语》1991年。

胡壮麟、朱永生、张德禄：《系统功能语法概论》，长沙：湖南教育出版社，1988年。

黄晖："近时西方语言哲学述评"，《外语教学与研究》1989年第1期。

黄兆文："改革中小学英语课文教学"，《中小学外语教学》1984年。

金观涛：《整体的哲学》，成都：四川人民出版社，1987年。

刘润清："关于Leech的礼貌原则"，《外语教学与研究》1987年第2期。

刘润清等：《现代语言学名著选读》，北京：测绘出版社。1988年。

刘润清、吴一安、黄建华等："高校英语本科教育抽样调查报告（二）"，《外语教学与研究》1989年第3期。

刘重德："翻译原则再译"，《外国语》1993年。

陆培敏等："我们对英语精读课的改革创议"，《外语教学与研究》1987年第3期。

罗新璋："我国自成体系的翻译理论"，《翻译通讯》1983年。

钱冠连："言语功能假信息"，《外国语》1987年。

钱学森：《论系统工程》，长沙：湖南科学技术出版社，1982年。

瞿铁鹏译：《结构主义和符号学》，上海：上海译文出版社，1987年。

沈家煊："语用学和语义学的分界"，《外语教学与研究》1990年第2期。

特伦斯·霍克斯：《结构主义和符号学》（中译本），上海：上海译文出版社，1987年。

田中春美：《语言学漫步》（中译本），西安：陕西人民出版社，1986年。

王澍："翻译标准观评议"，《俄语教学》1957年。

王武军："大力开展外语教学法的学习、研究、实验工作"，《中小学外语教学》1982年第2期。

王佐良、丁往道：《英语文体学引论》，北京：外语教学与研究出版社，1987年。

伍谦光：《语义学导论》，长沙：湖南教育出版社，1988年。

许国璋：《论语言》，北京：外语教学与研究出版社，1991年。

徐盛桓："会话含意理论的新发展"，《现代外语》，1993年第2期，1993年。

杨立民、徐克容：College English（第三册），北京：外语教学与研究出版社，1985年。

杨立民、徐克容：College English（第四册），北京：外语教学与研究出版社，1986年。

赵世开：《美国语言学简史》，上海：上海外语教育出版社，1989年。

后　记

　　语言是什么？这是一个永恒而富有魅力的问题。也许自然科学发展到能直接观察到人脑活动的程度，才能对这个问题给予圆满的回答。

　　然而，古往今来，这个问题一直吸引着无数试图解开语言之谜的人。他们之中，除语言学家外，还有哲学家、心理学家、社会学家和人类学家。可以说，对于这个问题的回答创造了语言学这门学问，并推动着语言科学的发展。

　　既然对语言感兴趣的不仅仅是语言学家，那么，关于语言是什么的问题看法也就大相径庭。在不同的视角下，语言似乎变得更加扑朔迷离而带有神奇色彩。然而，人类在任何神奇现象面前从未有过畏惧，反而更加不断地探索其中的奥秘。其结果，当今的语言学研究，视野开阔了，认识深化了。

　　我们虽然没有语言学家那般的理智，更没有哲学家那般的深刻，但我们贵有教师的责任和对语言问题的兴趣。这也许就是激励我们坚持从事语言研究的动力吧！

　　《语言的跨面研究》这本书，正是作者朝着探索语言奥秘的道路所迈出的一步。这一步虽迈得还很不坚实，但它却是作者近年来在语言学园地里辛勤耕耘的收获，凝结着耕耘者的汗水、收获者的喜悦，它更是合作劳动的果实！

　　我对语言学产生兴趣首先应归因于我选择了英语语言文学专业，虽然这种选择完全是历史的偶然。1973年，我高中毕业后在农村当过两年民办小学教师，1975年被推荐到吉林师范学校（现吉林师范学院）英语班学习，两年后毕业留校任教。从此，我和英语结下了不解之缘。1979年，我考入东北师范大学外语系，1983年大学毕业考上了该系的研究生。由于当时只有语言学方向招生，所以，攻读语言学硕士学位是我唯一的选择。从此，我跟随付茵波、杨镇雄教授研读英语语法。由于付老身患疾病，实际上杨镇雄教授承担了指导我撰写硕士论文的全部工作。直到1986年获硕士学位毕业后留校，我才真正对语言学产生了浓厚的兴趣。

在东北师范大学读书的七年间，我和当时任语法课的杨忠老师结下了深厚的师生情谊，后来成为同事。但在我的心中他仍然是我尊敬的师长。杨忠教授是我国最早派往澳大利亚深造学习的青年教师之一。他被派到澳大利亚La Trobe大学研修语言学和应用语言学，1985年获硕士学位后怀着报效祖国的赤诚之心回到东北师大外语系执教。杨忠教授的品格对我影响较大，以至于后来我于1992—1993年间赴美进修后作出了同样的选择。共同的志向、共同的性格、共同的兴趣，为我们学术上的合作奠定了基础。自1989年起，我们开始合作，一直延续至今。

常常，我们在一起谈论语言学问题。话题涉及的范围较宽，比如从亚里士多德到索绪尔，从乔姆斯基到韩礼德，都有所涉猎，但谈论得更多的是关于语言的跨面研究，比如语言的形式、功能和语境的关系，语法、语义和语用的相互作用，语言学内部共核学科之间和边缘学科之间的关系等等。作为大学英语教师，我们更关心外语教学问题，比如如何培养教师的语言观和教学观，应采用哪种外语教学模式等等。《语言的跨面研究》一书，正是围绕这些问题撰写而成的。这里，我们深深感到合作的珍贵。

如果说在语言学研究领域我做了一点工作的话，那是因为我得益于许多良师益友。我首先应感谢已故的付茵波教授对我的殷切期望，我更应感谢杨镇雄教授给予我的关心和支持，恩师的教诲将永远激励我进取。我特别应感谢广东外语外贸大学何自然教授，是他在我犹豫、彷徨的时期，给了我勇气和信心，使我免受外界条件的干扰，静心乐道于学府的生活。对我学术观点产生直接和间接影响的还有许国璋教授、王宗炎教授、桂诗春教授、胡壮麟教授、刘润清教授。他们不但是我心中最尊敬的师长，而且是我终生治学的典范。对于那些关心过我、支持过我的老师和朋友们，我在这里谨向他们一并表示真诚的谢意！

最后，应需要说明的是，这本书的许多章节已在国内外杂志上公开发表过，但此次出版在体例和内容上部分地做了修改。

当代语言学研究，已超出了语言自身的界限，因此，语言研究的意义已不仅仅局限于认识语言本身。语言研究将会给人类自身发展和社会进步带来什么呢？这又是一个富有魅力的问题。我们愿同广大语言工作者一道，为探索语言的奥秘、推动人类的文明进步而不懈地努力。

张绍杰